Madeleine Ward

Die Wirkung von Blended Learning auf die E-Sozialisation älterer Menschen

AF 151584

Madeleine Ward

Die Wirkung von Blended Learning auf die E-Sozialisation älterer Menschen

ScienciaScripts

Imprint

Any brand names and product names mentioned in this book are subject to trademark, brand or patent protection and are trademarks or registered trademarks of their respective holders. The use of brand names, product names, common names, trade names, product descriptions etc. even without a particular marking in this work is in no way to be construed to mean that such names may be regarded as unrestricted in respect of trademark and brand protection legislation and could thus be used by anyone.

Cover image: www.ingimage.com

This book is a translation from the original published under ISBN 978-3-330-08887-0.

Publisher:
Sciencia Scripts
is a trademark of
Dodo Books Indian Ocean Ltd. and OmniScriptum S.R.L publishing group

120 High Road, East Finchley, London, N2 9ED, United Kingdom
Str. Armeneasca 28/1, office 1, Chisinau MD-2012, Republic of Moldova, Europe
Printed at: see last page
ISBN: 978-620-7-38847-9

INHALTSVERZEICHNIS

Kapitel 1	3
Kapitel 2	5
Kapitel 3	10
Kapitel 4	13
Kapitel 5	15
Kapitel 6	24
Kapitel 7	32

Abstrakt

Der gemischte Unterricht, eine Kombination aus Präsenz- und Online-Unterricht, wird heute immer beliebter. Blended Learning ist vorteilhaft, da es die Flexibilität des Online-Lernens mit den sozialen Aspekten des Klassenzimmers verbindet. Im Rahmen dieser Blended-Learning-Studie nahmen zwei Gruppen älterer Erwachsener im Alter von 60-85 Jahren an Schulungen zu sozialen Netzwerken und Computerkenntnissen teil, entweder in einer Blended-Learning-Umgebung $(n = 9)$ oder in einem traditionellen Klassenzimmer $(n = 8)$. Es fanden zwei Sitzungen des Computertrainings statt, und die Daten der beiden Sitzungen wurden kombiniert, da sie bis auf die Dauer jeder Sitzung identisch durchgeführt wurden. Zu Evaluierungszwecken wurden die Effektivität und die Zufriedenheit mit dem Präsenzunterricht und dem gemischten Unterricht anhand wöchentlicher Quizfragen und Fragebögen vor und nach dem Kurs bewertet. Die Ergebnisse dieser Mixed-Methods-Studie zeigen, dass sich die Computerkenntnisse der Teilnehmer nach der Schulung deutlich verbessert haben, wie aus den Selbsteinschätzungen der Teilnehmer hervorging. Darüber hinaus war der Zuwachs in der Blended-Group etwas größer als in der Classroom-Group, obwohl dieser Unterschied statistisch nicht signifikant war $(p>.05)$. Die Teilnehmer gaben auch an, dass sie mit den Computerkursen zufrieden waren, unabhängig vom Unterrichtstyp. Nur für die Blended-Learning-Gruppe wurde eine Folgesitzung in Form eines Fokusgruppen-Interviews durchgeführt, um zusätzliche Informationen über das Blended-Learning-Kursformat zu erhalten. Sechs der neun Teilnehmer gaben an, dass sie motiviert wären, weitere Kurse in der Blended-Learning-Umgebung zu belegen. Die Ergebnisse dieser Studie können einen Beitrag zur Literatur leisten, da es nur wenige Untersuchungen zur Effektivität und Zufriedenheit älterer Erwachsener mit Blended-Learning-Kursen im Vergleich zu Präsenzkursen für Computerkurse gibt.

1. EINFÜHRUNG

Ältere Erwachsene sind heute eine der am schnellsten wachsenden Gruppen von Internetnutzern. Eine im April 2012 durchgeführte Umfrage ergab, dass 53 % der amerikanischen Erwachsenen ab 65 Jahren das Internet oder E-Mail nutzen, ein deutlicher Anstieg im Vergleich zu 40 % im August 2011. Auch die Nutzung von Social-Networking-Sites durch Senioren hat in den letzten Jahren deutlich zugenommen, und zwar um 150 % von April 2009 (13 %) bis Mai 2011 (33 %). Im Februar 2012 nutzte jeder dritte Online-Senior (34 %) Social-Networking-Sites wie Facebook, und 18 % taten dies täglich. Im Vergleich dazu ist die beliebteste Methode der Online-Kommunikation für ältere Erwachsene die E-Mail (Zickuhr & Madden, 2012).

Ältere Erwachsene können sehr davon profitieren, wenn sie sich Kenntnisse über soziale Netzwerke und Computer aneignen. Einige dieser Vorteile sind: (a) Verbesserung der Lebensqualität, da sie sich unabhängiger und selbstbestimmter fühlen, (b) Verbesserung der zwischenmenschlichen Interaktionen, (c) Verbesserung der psychischen Gesundheit durch Linderung von Depressionen, (d) Erfüllung der Bedürfnisse nach Selbstverwirklichung, Stärkung des Selbstbewusstseins und (e) Förderung einer besseren kognitiven Leistungsfähigkeit. Kim (2008) stellt fest, dass die Internetnutzung älteren Erwachsenen lebenslange Lernmöglichkeiten bietet, ihre emotionalen Beziehungen zu Familien und Freunden verbessert und ihnen hilft, sich weiterhin aktiv in der Gesellschaft zu engagieren. Darüber hinaus können ältere Erwachsene mit körperlichen Mobilitätsproblemen am Online-Lernen teilnehmen und Online-Kommunikationsmittel nutzen, was ihre Fähigkeit zur Teilnahme an Bildungsaktivitäten und sozialen Netzwerken erhöht (Chaffin & Harlow, 2005; Swindell, 2002).

Daher kann das Erlernen von Computerkenntnissen für ältere Erwachsene von großem Nutzen sein. Darüber hinaus ist es sehr wichtig zu untersuchen, welche Lehrmethode für die Vermittlung dieser Fähigkeiten am effektivsten ist. Das Ziel dieser Studie mit gemischten Methoden war es, zu untersuchen, ob ältere Erwachsene Blended Learning als ebenso effektiv und zufriedenstellend empfinden wie das Lernen im Klassenzimmer, wenn sie eine Reihe von acht Computerkursen belegen. Außerdem untersuchte der Forscher, ob die Teilnehmer in der Blended-Learning-Umgebung motiviert wären, weitere Blended- oder Online-Kurse zu belegen.

Das Forschungsproblem besteht darin, dass es keine Untersuchungen darüber gibt, welche Lehrmethoden für ältere Erwachsene beim Erlernen von Computerkenntnissen am effektivsten und zufriedenstellendsten sind. Daher beschloss ich, eine Studie durchzuführen, um dieses Phänomen zu untersuchen.

Meine Forschungsfragen lauteten daher:

1. Gibt es einen Unterschied zwischen Blended Learning und Lernen im Klassenzimmer, der auf den Ergebnissen des Quiz beruht?
2. Wären die Studierenden in der gemischten Gruppe zufriedener mit den Computerkursen als in der Gruppe mit Präsenzunterricht?
3. Würden die Studierenden der Blended-Group angeben, dass sie motiviert wären, in Zukunft weitere Blended-Kurse zu belegen?

Um diese Fragen zu beantworten, wurden sowohl quantitative als auch qualitative Daten erhoben. Daher wurden Daten aus Online-Quizzes, Fragebögen vor und nach dem Kurs (die sowohl geschlossene als auch offene Fragen enthielten) sowie aus einem Fokusgruppen-Interview gewonnen.

Diese Studie kann einen Beitrag zur Literatur leisten, da es derzeit nur wenige Untersuchungen zur Effektivität und Zufriedenheit älterer Erwachsener mit gemischtem Unterricht (Präsenz-/Onlineunterricht) im Vergleich zu Präsenzunterricht gibt. Außerdem haben ältere Erwachsene, die an dieser Studie teilnehmen, die Möglichkeit, Kurse in einer gemischten oder Online-Umgebung zu belegen, was sie ermutigen und motivieren könnte, weitere gemischte oder Online-Kurse zu belegen.

2. LITERATURÜBERBLICK

Peterson (1990) definiert die pädagogische Gerontologie als "das Studium und die Praxis von Lehranstrengungen für und über alte und alternde Menschen" (S. 3). Nach Peterson sind die beiden Hauptbereiche der pädagogischen Gerontologie (a) Unterrichtstechniken für ältere Lernende und (b) Unterricht für Personen, die mit älteren Erwachsenen arbeiten. Während sich die Andragogik auf die Bildungstheorie und -praxis von Erwachsenen im Allgemeinen bezieht, bezieht sich die Geragogik auf die Theorien und Praktiken der älteren Erwachsenenpopulation (Battersby & Glendenning, 1992, Moody, 1985). Sowohl die Andragogik als auch die Geragogik gehen davon aus, dass erwachsene Lernende selbstbestimmt sind, über verschiedene Lebenserfahrungen verfügen, die dem Lernen förderlich sind, und ein Interesse an Programmen haben, die ihr Wissen und ihre Fähigkeiten verbessern, vor allem, wenn sie mit Themen verbunden sind, die für ihr persönliches Leben relevant sind (John, 1988). Daher ist es wichtig, dass das Lernen älterer Erwachsener lernorientiert ist und dass sie in die Planung und Durchführung von Bildungsprogrammen einbezogen werden (Brubaker & Roberto, 1993; Girton, 1995; Hiemstra, 1980). Laut Charness, Czaja & Sharit (2007) ist der Ansatz "Lernen während der Anwendung" für Lernende im fortgeschrittenen Alter effektiv.

Erickson & Noonan (2010) untersuchten Erwachsene im späten Berufsleben und Online-Unterrichtsmethoden. Die Studie untersuchte sowohl die akademischen Leistungen als auch die Bedürfnisse von Erwachsenen im späten Berufsleben (50-65 Jahre) in einem Online-Kurs im Vergleich zu Erwachsenen im frühen Berufsleben (21-35 Jahre) und im mittleren Berufsleben (3649 Jahre). Die Ergebnisse der Studie zeigten, dass Erwachsene im fortgeschrittenen Alter mit der Online-Durchführung zufrieden waren und die Erfahrung als lohnender empfanden als ihre Kollegen im fortgeschrittenen und mittleren Alter, trotz der Unterschiede in den technischen Fähigkeiten. Alle 51 Teilnehmerinnen und Teilnehmer haben den Kurs erfolgreich bestanden, ein Drittel der Teilnehmerinnen und Teilnehmer hat eine Eins (90-100%) und zwei Teilnehmerinnen und Teilnehmer eine Zwei (8089%) erreicht. Die Erwachsenen im späten Berufsleben gaben außerdem an, dass sie mit dem Kurs zufrieden waren, weil er direkt auf ihre Arbeit anwendbar war.

Die Ergebnisse von Erickson & Noonan (2010) stehen im Gegensatz zu den Ergebnissen einer Studie von Lakin et al. (2008), in der ältere Erwachsene angaben, dass sie den traditionellen Unterricht von Angesicht zu Angesicht gegenüber dem Online-Unterricht vorziehen. Als Gründe für ihre Präferenz wurden schlechte Computerkenntnisse und der Verlust von persönlichen

Kontakten genannt. Erickson & Noonan (2010) fanden jedoch heraus, dass die Erwachsenen im fortgeschrittenen Alter, obwohl sie mehr technische Unterstützung benötigten als ihre Altersgenossen, genauso gut oder besser abschnitten als ihre jüngeren Altersgenossen, nachdem sie die erforderliche technische Unterstützung erhalten hatten. Darüber hinaus waren die Erwachsenen im fortgeschrittenen Alter aufgrund ihrer Zufriedenheit mit dem Kurs motiviert, weitere Online-Kurse zu belegen.

Morris und Ballard (2003) untersuchten die Präferenzen älterer Erwachsener in Bezug auf Unterrichtsstrategien und -techniken in Bildungsprogrammen für das Familienleben.

Ihre Stichprobe bestand aus 250 älteren Erwachsenen in vier verschiedenen Altersgruppen: 50-64, 65-74, 75-84 und 85 und älter. Die Teilnehmer bewerteten 15 Lehrmethoden anhand einer 4-stufigen Likert-Skala, die von *sehr hilfreich bis überhaupt nicht hilfreich* reichte (was eine Bewertung der Kirkpatrick-Stufe 1 anzeigt). Nach einer explorativen Faktorenanalyse blieben drei Methoden übrig: Gruppenunterrichtsstrategien, Strategien zur unabhängigen Nutzung und Computer. Die Ergebnisse zeigten, dass Unterrichtsstrategien, die Computer verwenden, am niedrigsten von allen Unterrichtsstrategien bewertet wurden. Es wurde jedoch festgestellt, dass gruppenorientierte Unterrichtsstrategien, wie z. B. Blended Learning (synchrones Lernen), viele Vorteile für ältere Erwachsene haben können, da sie dazu beitragen können, soziale Isolation und Technikfeindlichkeit zu verringern. Daher kann Blended Learning für ältere Erwachsene von Vorteil sein, da es die besten Aspekte des Online-Lernens mit den besten Aspekten des Lernens im Klassenzimmer verbindet und älteren Erwachsenen die Vorteile beider Unterrichtsmethoden bietet. Laut Gutierrez (2006) können die Nutzer der gemischten Lernumgebung von den Vorteilen sowohl der Präsenz- als auch der Online-Methode profitieren. Da technische Schwierigkeiten für Online-Studierende jeden Alters ein Problem darstellen können, insbesondere für ältere Erwachsene oder diejenigen, die mit Computern weniger vertraut sind, bietet der gemischte Unterricht den Studierenden den Vorteil, dass sie sich mit der erforderlichen Technologie vertraut machen können, bevor sie den Online-Teil eines Kurses absolvieren. Swindell (2002) schlägt vor, älteren Studierenden technische Unterstützung und die Verwendung bekannter und stabiler Technologien zu bieten.

Blended Learning wird im Allgemeinen als die Kombination von Präsenzunterricht mit Fernunterrichtssystemen definiert (Osguthorpe & Graham, 2003). Blended Learning wird heute in vielen Hochschuleinrichtungen eingesetzt, insbesondere in solchen, die Fernunterricht und verschiedene andere Formen des E-Learnings integriert haben. Beim gemischten Lernen kann das Gleichgewicht zwischen Online- und Präsenzunterricht für jeden Kurs unterschiedlich sein.

Einige Blended-Learning-Kurse beinhalten mehr Präsenz- als Online-Strategien, abhängig von den Lehrzielen, den Eigenschaften der Studierenden, der Erfahrung der Dozenten und den Online-Ressourcen. In einigen Kursen werden die beiden Unterrichtsformen gleichmäßig gemischt, während in anderen Kursen mehr Online-Strategien zum Einsatz kommen und der persönliche Kontakt nur selten genutzt wird (Gutierrez, 2006).

Blended Learning kann von Vorteil sein, da es die Flexibilität von Online-Kursen mit den sozialen Aspekten von Präsenzkursen kombiniert (Rovai & Jordan, 2004). Melton et al. (2009) nutzten einen Blended-Learning-Kurs im Vergleich zu einem traditionellen Präsenzkurs, um die Leistung und Zufriedenheit der Studierenden in einem allgemeinen Gesundheitskurs zu bewerten. Die Ergebnisse der Studie deuten darauf hin, dass die Studierenden im gemischten Kurs bessere Endnoten erzielten und deutlich zufriedener waren als im Präsenzkurs. Darüber hinaus kann ein gemischter Kurs einen aktiven Unterricht beinhalten, da die Studierenden mehr Verantwortung für das eigenständige Erlernen der Inhalte tragen, während die Zeit im Klassenzimmer mit der Anwendung des neu erworbenen Wissens verbracht wird. Darüber hinaus könnte aktives Lernen eine Erklärung für die besseren Noten der gemischten Gruppe sein (Melton et al., 2009).

In einer Reihe von Meta-Analysen zum Online- und Blended-Learning im Vergleich zum Präsenzunterricht wurden zahlreiche, in unterschiedlichen Kontexten durchgeführte Studien zusammengetragen, um die vergleichende Lerneffektivität dieser beiden Formen zu bewerten. Tabelle 1 fasst diese Studien zusammen. In einer Folgeuntersuchung zu einer Metaanalyse von 2004 über Fernunterricht im Vergleich zu Präsenzunterricht (Bernard et al., 2004) stellte Bernard (2010) fest, dass die Untergruppe der Studien, die mit Online-Kursen durchgeführt wurden, eine durchschnittliche Effektgröße von 0,12 im Vergleich zum Präsenzunterricht ergab. Andere Meta-Analysen, wie die von Sitzman et al. (2006) und Cook et al. (2008), untersuchten spezielle Populationen (d. h. webbasierter Unterricht im geschäftlichen Kontext und E-Learning für Beschäftigte im Gesundheitswesen) und fanden im Wesentlichen dieselbe Gesamteffektgröße.

Das U.S. Department of Education gab eine Studie über Online- und Blended-Learning-Kontexte in Auftrag. Für das Online-Lernen wurde eine Gesamteffektgröße von 0,14 ermittelt, was mit den anderen Studien übereinstimmt, und eine höhere Effektgröße $(d = 0,35)$ für gemischte Unterrichtskontexte. In einer Studie über postsekundäre Bildungsumgebungen fanden Schmid et al. (2009) eine durchschnittliche Effektgröße, die mit der Studie des Bildungsministeriums für 114 Effektgrößen vergleichbar ist $(d = 0,34)$.

7

Diese Studien weisen ein bemerkenswertes Maß an Konsistenz auf, so dass die allgemeine Schlussfolgerung gezogen werden kann, dass der Online-Unterricht den Lernenden im Vergleich zum Präsenzunterricht Vorteile bringt, wenn auch nur bescheidene. Der gemischte Unterricht kann jedoch das Beste aus Online- und Präsenzunterricht kombinieren, um eine durchschnittliche Effektgröße zu erzielen, die sich dem annähert, was im Allgemeinen als moderat angesehen wird, und daher kann es sich lohnen, Ressourcen, Zeit und Geld zu investieren, um eine effektivere Form des Unterrichts zu erreichen, die wirksamer ist als Präsenz- oder Onlineunterricht allein.

Tabelle 1

Meta-Analysen zum Vergleich von Online-Lernen und Blended Learning mit Präsenzunterricht Anweisung.

Meta-Analyses	Inclusive Dates	Comparison	k	$ES+$	Sig. (p)
Bernard et al. (2010)	1990-2003	OL vs. CI	59	0.12	= .05
Sitzmann et al. (2006)	1996-2005	WBI vs. CI	71	0.15	≤ .05
Cook et al. (2008)	1990-2007	OL vs. CI	63	0.12	= .045
U.S. DOE (2009)	1996-2006	OL vs. CI	28	0.14	≤ .05
U.S. DOE (2009)	1996-2006	BL vs. CI	14	0.35	< .001
Schmid et al. (2009)	1990-2010	BL vs. CI	114	0.34	< .001

OL = Online; CI = Unterricht im Klassenzimmer; WBI = Web-basierter Unterricht; BL = Blended Learning

Gemischte Kurse können auch für ältere erwachsene Lernende von Vorteil sein. Kim (2008) stellt fest, dass "viele Studien eine Vielzahl von Lehrmethoden empfohlen haben, die speziell für ältere Computernutzer entwickelt wurden" (S. 723) und dass "ältere Erwachsene zusätzliche Zeit oder selbstbestimmtes Üben benötigen, um Lerninhalte zu meistern" (Baldi, 1997, Filipczak, 1998, Van Fleet & Antell, 2002; Jones & Bayen, 1998; Mayhorn et al., 2004). Mit Blended Learning haben ältere Erwachsene mehr Verantwortung für ihr Lernen, da sie die Kurse in ihrer eigenen Zeit und in ihrem eigenen Tempo absolvieren können. Darüber hinaus bietet Blended Learning eine Mischung aus verschiedenen Lehrmethoden, z. B. einen Online-Teil und einen Präsenzteil. So können ältere Erwachsene im Online-Teil unabhängiger und in ihrem eigenen Tempo lernen, während sie im Präsenzteil direkten Zugang zum Dozenten haben und mit anderen Kursteilnehmern in Kontakt treten können.

Die Sozialisierung ist wichtig, da ältere Erwachsene Computerkenntnisse nicht ohne Weiteres allein erlernen können; sie interagieren mit anderen Lernenden, Lehrkräften, Lernmitteln (Computern) und Unterrichtsräumen (Hansman, 2001; Wilson, 1993). Nach Lave & Wenger (1991; 1998) "behaupten Theorien der situierten Kognition, dass Lernen in Situationen verwurzelt ist, in denen es stattfindet, und dass Lernen eine soziale Praxis ist" (S. 729) und "Wissen ist grundsätzlich in Situationen verortet; daher ist die Frage des Lerntransfers ein wichtiges Thema" (S. 729). Das bedeutet, dass der Ort, an dem ältere Erwachsene ihre Computerkenntnisse erlernen, sich auf ihren Lerntransfer auswirkt. Wenn sie beispielsweise nur in einem Klassenzimmer, in einem Gemeindezentrum oder in der örtlichen Bibliothek lernen, haben sie möglicherweise Schwierigkeiten, das erworbene Wissen auf die Nutzung ihres Computers zu Hause zu übertragen. Daher könnte ein gemischter Unterricht zum Erlernen von Computerkenntnissen für ältere Erwachsene sehr vorteilhaft sein, da ein Teil der Kurse online am Computer zu Hause und ein Teil im Klassenzimmer durchgeführt würde, was einen besseren Lerntransfer ermöglicht.

Es hat den Anschein, dass ältere Erwachsene sich zunehmend für das Online-Lernen interessieren. Da dieses Konzept relativ neu ist, ist die Forschung zu diesem Thema begrenzt. Ziel dieser Studie mit gemischten Methoden war es daher, die Auswirkungen der Lehrmethoden auf die Quiz-Ergebnisse und die Zufriedenheit der Studierenden zu untersuchen. Außerdem wurde die Motivation der Studierenden, weitere Blended-Kurse zu belegen, untersucht. Um dies zu messen, sammelte ich quantitative und qualitative Daten von siebzehn älteren Erwachsenen (60+) mit Hilfe von Quizfragen und Fragebögen. Nur für die Blended-Group wurde ein Fokusgruppen-Interview durchgeführt. Diese Studie ist wichtig, da die Schulung älterer Erwachsener in grundlegenden Computerkenntnissen zu einer positiveren Einstellung, einer höheren Lernmotivation und einem geringeren Maß an Angst führen kann (Baack et al., Dyck & Smither, 1996; Morris, 1994).

Hypothesen

Die Hypothesen für diese Studie lauteten wie folgt:

H0: Es gibt keinen Unterschied in den Quiz-Ergebnissen zwischen der Gruppe im Klassenzimmer und der gemischten Gruppe mit dem Computertraining. H1: Ältere Erwachsene werden bei den Quizfragen in der gemischten Gruppe besser abschneiden als in der Gruppe mit traditionellem Unterricht und Computertraining. H2: Ältere Erwachsene sind mit den Blended-Kursen zufriedener als mit den traditionellen Präsenzkursen.

3. PILOTENPRÜFUNG

Gestaltung und Entwicklung von Kursmaterialien

Ein Pilotversuch wurde vom 13. September 2012 bis zum 29. November 2012 durchgeführt. Vier ältere Erwachsene nahmen an zwölf Computerkursen im CCS in Pierrefonds, Quebec, teil, die eineinhalb Stunden pro Woche dauerten. Die Kurse umfassten fortgeschrittene E-Mail-Funktionen, Skype, Facebook, Microsoft Word und Excel, Twitter, Internetsicherheit und Google. Ziel des Pilotversuchs war es, Informationen und Rückmeldungen der Teilnehmer zu den Computerkursen und zum Kursleiter zu erhalten und festzustellen, ob sich die Computernutzung der Teilnehmer während des zwölfwöchigen Zeitraums verbessert hat. Um dies zu ermitteln, füllten die Teilnehmer vor und nach dem Kurs Fragebögen aus. Die ausgefüllten Fragebögen wurden von der Forscherin am Ende des ersten und des letzten Kurses eingesammelt. Das Ergebnis der Pilotstudie sollte bei der Gestaltung effektiverer Computerkurse für den nächsten zwölfwöchigen Kurs helfen.

Die Ergebnisse der Pilotstudie deuten darauf hin, dass die Teilnehmer mit den Computerkursen sehr zufrieden waren, da sie die meisten Fragen zur Kurszufriedenheit mit "trifft voll und ganz zu" beantworteten. Außerdem zeigt Abbildung 1, dass zwei Teilnehmer die Frage 22, ob ihr Interesse an diesem Thema durch die Teilnahme an den Kursen zugenommen hat, mit "stimme voll zu" und zwei mit "stimme zu" beantworteten. Die Teilnehmer gaben also an, dass sie mit den Kursen sehr zufrieden waren und die Teilnahme an den Kursen ihr Interesse an der Nutzung von Computern in ihrem täglichen Leben gesteigert hat.

Die Selbsteinschätzungen der Teilnehmer zu ihrer Nutzung der Anwendungen von vor dem Kurs bis nach dem Kurs zeigten eine verstärkte Nutzung von Skype, Twitter und Word. Insgesamt zeigen die Selbsteinschätzungen und Kommentare zu den Kursen, dass die Kurse effektiv waren. Daher werden in der nächsten Kursreihe alle Kurse auf die gleiche Weise gegeben. Der einzige Kurs, der von der Liste der Kurse gestrichen wurde, war Microsoft Excel, da die Teilnehmer angaben, dass er für sie nicht nützlich sei.

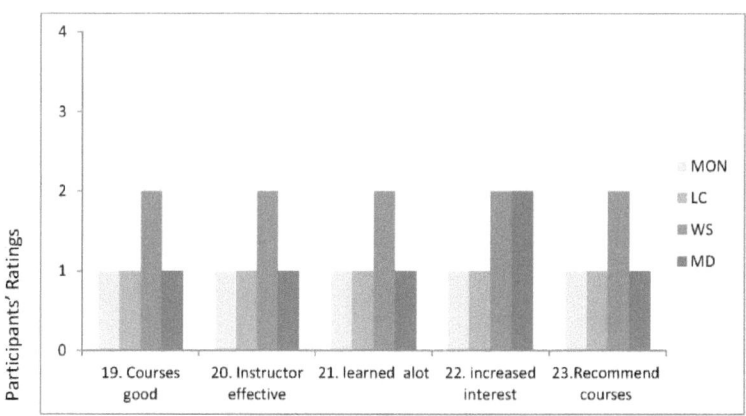

Abbildung 1: Die Zufriedenheit der Teilnehmer mit den Kursen.

Die Bewertungen werden wie folgt angegeben: 1: stimme voll und ganz zu, 2: stimme zu, 3: stimme nicht zu und 4: stimme überhaupt nicht zu. Die Initialen des Teilnehmers sind angegeben als: MON, LC, WS, & MD.

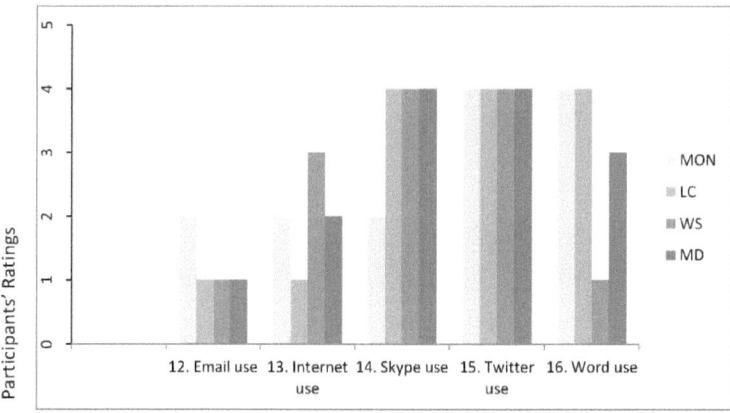

Abbildung 2: Selbsteinschätzungen der Teilnehmer zu ihrer Nutzung der Anwendungen vor den Kursen. Die Bewertungen sind angegeben als: 1: Sehr oft, 2: Oft, 3: Manchmal, 4: Nie. Die Initialen der Teilnehmer sind angegeben als: MON, LC, WS, & MD.

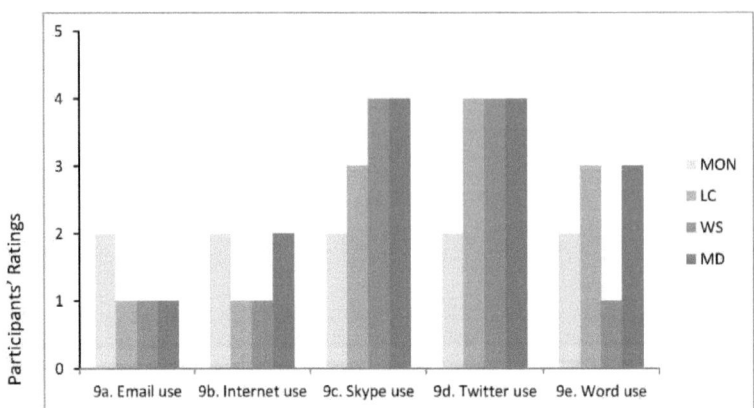

Abbildung 3: Selbsteinschätzungen der Teilnehmer zu ihrer Nutzung der Anwendungen nach den Kursen.
Die Bewertungen sind angegeben als: 1: Sehr oft, 2: Oft, 3: Manchmal, 4: Nie. Die Initialen des Teilnehmers sind
angegeben als: MON, LC, WS, & MD.

4. DIE VORLIEGENDE STUDIE

Die vorliegende Studie untersuchte die Unterschiede zwischen Blended Learning und Präsenzunterricht anhand der Ergebnisse der Quiz-Scores und Zufriedenheitsbewertungen der älteren Erwachsenen. Dazu wurde dieselbe Reihe von Computerkursen, die in der vorangegangenen Sitzung pilotiert wurde, zwei Gruppen älterer Erwachsener entweder in einer Blended-Learning- oder in einer Classroom-Umgebung unterrichtet, mit Ausnahme von Microsoft Excel.

Zu den Computerkursen gehörten Social-Networking-Kurse, E-Mail für Fortgeschrittene, Google, Skype oder Adobe Connect (je nach Bereich), Web-Sicherheit, Microsoft Word und Computer-Gehirntrainingsspiele (siehe Tabelle 2). Das Format der gemischten Kurse bestand aus fünf Präsenzkursen, Facebook, Twitter, Google, Adobe Connect und Brain Training-Spielen, und drei Online-Kursen: Web-Sicherheit, Fortgeschrittene E-Mail, Microsoft Word. Der reine Präsenzkurs fand in genau derselben Reihenfolge statt, mit der Ausnahme, dass die Teilnehmer Skype anstelle von Adobe Connect nutzten. Die Schülerinnen und Schüler profitierten von den Kursen, da sie Kenntnisse über soziale Netzwerke, E-Mail und den sicheren Umgang mit dem Internet erwarben. Die gemischte Klasse lernte auch den Umgang mit der Technologie, die für die Teilnahme an Online-Kursen erforderlich ist, und sammelte einige Erfahrungen mit der Durchführung von Online-Kursen.

Tabelle 2

Kurse und Kursbeschreibungen

Facebook	Google	Skype	Twitter	Advanced e-mail functions	Web Safety	Microsoft Word
Set-up profile & picture	Search	Create an account	Set-up an account & picture	Sending attachments in e-mail	Social Networking & computer safety	Open a new document
Set-up privacy settings	Maps	Add/Import contacts	Following people	Download /Save attachments	Phishing defined	Open an existing document
Find friends	G-mail	Manage contacts	Send/ Receive tweets	Set-up folders	Keep my computer safe	Save/Save As/Print documents
Compose & post messages	Image	Use Call function		Retrieve e-mail from folders	Reviewing Privacy settings	Insert Header/ Page number
Upload photos	You Tube	Use Video function		E-mail search		Insert Table
		Instant Messaging		Add signature to e-mail		Mail/Labels

14

5. METHODE

Ziel dieser Studie mit gemischten Methoden war es, die Effektivität und Zufriedenheit einer Reihe von acht 11/2-stündigen Computerkursen für ältere Erwachsene im Vergleich zu Präsenzunterricht zu untersuchen.

Forschungsdesign

Das Design dieser Studie war quasi-experimentell, da die Forscherin über die Collective Community Services (CCS) Zugang zu den Teilnehmern hatte; daher waren alle Teilnehmer aktive Mitglieder der CCS. Der Forscher konnte die Teilnehmer nicht nach dem Zufallsprinzip den beiden Gruppen (Präsenzunterricht und gemischter Unterricht) zuordnen, da die Zuordnung von bestimmten Kriterien abhing. Da die Teilnehmer die Kurse aus eigenem Antrieb belegten, entschieden sie letztlich selbst, an welcher Gruppe sie teilnahmen.

Daher wurden die Teilnehmer gebeten, entweder am Präsenz- oder am gemischten Abschnitt teilzunehmen, je nachdem, ob sie bestimmte Kriterien erfüllten. Für die Teilnahme am gemischten Kurs mussten die Teilnehmer einen Laptop mit Kamera und Mikrofon sowie einen Hochgeschwindigkeits-Internetzugang haben. Außerdem mussten sie an fünf Präsenzkursen teilnehmen. Teilnehmer, die die Computerkriterien nicht erfüllten, wurden gebeten, an den reinen Präsenzkursen teilzunehmen, da der CCS fünf hauseigene Desktop-Computer für seine Mitglieder zur Verfügung hat. Wenn alle Teilnehmer die Computerkriterien erfüllt hätten, wären sie nach dem Zufallsprinzip den beiden Gruppen zugeteilt worden.

Für diese Studie wurde ein gemischtes Methodendesign gewählt. Dieses Design ermöglichte die Erhebung sowohl quantitativer als auch qualitativer Daten, was ein besseres Verständnis des Forschungsproblems ermöglichte, als wenn nur eine Art von Daten erhoben würde (Creswell, 2012). Darüber hinaus wurde ein gemischtes Methodendesign gewählt, da die Anzahl der Teilnehmer an der Studie gering war und die Erhebung sowohl quantitativer (Quizergebnisse und offene Fragen) als auch qualitativer Daten (Fokusgruppeninterview und offene Fragen) ein tieferes Verständnis der Bewertungen der Teilnehmer auf den Fragebögen ermöglichte. Die Kommentare der Teilnehmer im Fokusgruppeninterview und bei den offenen Fragen lieferten reichhaltige Details über ihre Erfahrungen in den Computerkursen. Da es zum Beispiel nur wenig Forschung über das Erlernen von Computerkenntnissen durch ältere Erwachsene in einer Blended-Learning-Umgebung gibt, waren die Kommentare und das

Feedback der Teilnehmer dieser Gruppe sehr wichtig.

Zur Datenerhebung füllten die Teilnehmer quantitative standardisierte Maßnahmen wie Online-Quizze aus und beantworteten Fragebögen vor und nach dem Kurs, die sowohl offene als auch geschlossene Fragen enthielten. Die wöchentlichen Online-Quizze wurden von allen Teilnehmern in Survey Monkey durchgeführt, um die Erfassung quantitativer Leistungsdaten zu ermöglichen.

Im Anschluss an die offenen Fragen auf den Fragebögen wurde ein Fokusgruppen-Interview durchgeführt. Das Interview lieferte reichhaltige und detaillierte qualitative Daten. Meine Rolle als Interviewer bestand darin, die Diskussion zu leiten, aber letztendlich war es das Ziel, die Teilnehmer zu ermutigen, ihre Erfahrungen in der Blended-Learning-Umgebung zu diskutieren. Zur Untersuchung dieser qualitativen und quantitativen Maßnahmen haben wir die Methode der Triangulation, d. h. die gleichzeitige Erhebung von qualitativen und quantitativen Daten, eingesetzt. Bei der Triangulation werden qualitative und quantitative Daten in der Regel gleichwertig behandelt. Diese verschiedenen Formen qualitativer und quantitativer Daten wurden verglichen und zusammengezogen, um festzustellen, ob sie vergleichbare Ergebnisse oder Themen lieferten (Creswell, 2012).

Einstellung und Rekrutierung

Alle Teilnehmer wurden von den Collective Community Services (CCS) rekrutiert, einer gemeinnützigen Organisation, die Unterstützungsdienste für Familien und Einzelpersonen anbietet. Die CCS bietet zuverlässige, äußerst erfolgreiche Programme und Dienstleistungen für marginalisierte und wirtschaftlich benachteiligte Menschen, vor allem in der anglophonen Gemeinschaft im Großraum Montreal. Da die Forscherin (Madeleine Ward, die sowohl Forscherin als auch Ausbilderin war) zuvor als Freiwillige bei der CCS-Gruppe in LaSalle, QC, gearbeitet hatte, kannte sie die Programmkoordinatorin und kontaktierte sie wegen der aktuellen Studie.

Ein Vorschlag wurde an den Programmkoordinator des CCS geschickt. Der Vorschlag enthielt eine Beschreibung der Studie, des Formats der Computerkurse (Präsenzkurse, gemischte Kurse) und der gewünschten Anzahl von älteren Erwachsenen, die an der Studie teilnehmen sollten. Der Koordinator schickte den Vorschlag an alle CCS-Gruppen in der Region Montreal, QC. Da die Leiterin des CCS in Lachine, QC, sehr an Computerkursen für ihre Mitglieder interessiert war, kontaktierte sie die Forscherin, um weitere Informationen zu erhalten. Daher waren die älteren Erwachsenen, die an dieser Studie teilnahmen, alle Mitglieder der CCS-Gruppe in Lachine, QC.

In der ersten Rekrutierungsphase wurden den Teilnehmern eine Reihe von Fragen gestellt, um ihre Computerkenntnisse zu ermitteln. Gemäß den Einschlusskriterien mussten die Teilnehmer der gemischten Gruppe einen Laptop mit Mikrofon und Kamera sowie einen Hochgeschwindigkeits-Internetanschluss zu Hause haben. Die Teilnehmer der Präsenzgruppe hatten Zugang zu Desktop-Computern, die vom CCS zur Verfügung gestellt wurden.

Alle Computerkurse wurden im Zentrum von Lachine, QC, abgehalten. Der Computerraum des Zentrums war mit fünf Desktop-Computern, einem Projektor und einem großen weißen Bildschirm ausgestattet. Die Teilnehmer, die keinen Laptop besaßen, hatten Zugang zu den Desktop-Computern, und die Teilnehmer mit Laptops saßen an einem großen Tisch gegenüber dem Kursleiter. Die PowerPoint-Folien wurden auf eine große Leinwand projiziert, und der Ausbilder sorgte dafür, dass alle Teilnehmer die Leinwand gut sehen konnten.

Teilnehmer

Tabelle 3 enthält detaillierte demografische Angaben zu allen Teilnehmern. Insgesamt wurde eine Zufallsstichprobe von siebzehn älteren Erwachsenen aus Lachine, QC, untersucht. Convenience Samples sind Stichproben, bei denen die Teilnehmer ausgewählt werden, weil sie bereit und verfügbar sind, sich untersuchen zu lassen (Creswell, 2012). Für diese Studie waren die Teilnehmer verfügbar, da sie Mitglieder des CCS waren und bereit waren, an den Computerkursen teilzunehmen. Alle Teilnehmer, die an dieser Studie teilnahmen, waren im Ruhestand und 60 Jahre alt oder älter. Die Mehrheit der Teilnehmer war weiblich und zwischen 71 und 75 Jahre alt. Darüber hinaus hatten die meisten Teilnehmer einen High-School-Abschluss und nutzten den Computer wöchentlich etwa 6,5 Stunden. Die Teilnehmer gaben an, dass sie den Computer hauptsächlich zur Kommunikation, zur Informationssuche und zum Einkaufen nutzten. Alle Teilnehmer verfügten über gute Lesefähigkeiten und mittlere Computerkenntnisse.

Tabelle 3

Demografische Informationen der Teilnehmer

Initials	Age Group	Gender	Education Level	Weekly Computer Usage (Hrs.)
DS,SD,ILP	61-65	3 F	HS,C	.50-14
SL, MC, AMB	66-70	3 F	U,C	1-12
VV, ML, FP, MB,HS,OP,BS	71-75	6 F,1 M	HS, C,U	2-21
SG, AS	76-80	1F, 1M	HS,U	1- 8
HD, MM	81-85	2F	HS,C	3-7

Anmerkung. F= weiblich, M= männlich. Die wöchentliche Computernutzung wird in Stunden angegeben. Bildungsniveau: HS=High School C=Cegep, U= Universität.

Instrumente

Eine modifizierte Version der PedTech-Studentenbefragung, die vom Center for the Study of Learning and Performance (Concordia University) heruntergeladen wurde, wurde vor und nach den Kursen sowohl an die Teilnehmer des Blended Learning als auch an die Teilnehmer der Präsenzkurse verschickt. Dieser Fragebogen wurde ausgewählt, da er viele Fragen zum Lernen mit Technologie, zur wahrgenommenen Effektivität der Computernutzung, zu den Kursen und zum Dozenten enthielt. Fragen, die für die Zielgruppe der Studie nicht relevant waren, wurden entfernt, so dass etwa 80 % des Fragebogens erhalten blieben. Die PedTech-Studentenumfrage ist zuverlässig und valide, da sie von den Forschern der Concordia University entwickelt wurde und in ihrer Forschung bereits ausgiebig verwendet wurde.

Der Fragebogen vor dem Kurs enthielt Fragen zu den demografischen Merkmalen der Teilnehmer sowie zu ihren Computerkenntnissen und -fähigkeiten (Anhang A). Es gab zwei Versionen des Fragebogens nach dem Kurs, eine für den Präsenzteil (Anhang B) und eine für den gemischten Teil (Anhang C). Der Fragebogen nach dem Kurs für den Präsenzteil enthielt Fragen zu den Reaktionen der Teilnehmer auf die Kurse und den Dozenten. Der Fragebogen nach dem Kurs für den gemischten Teil ähnelte dem Fragebogen für den Präsenzteil, enthielt jedoch einen zusätzlichen Abschnitt mit Fragen zu den Reaktionen der Studierenden auf die gemischten Lernkurse.

Für den zusätzlichen Teil des Fragebogens zum gemischten Lernen wurde eine Abwandlung des Blended Learning Survey for Students verwendet (Owston, 2012). Diese Maßnahme wurde gewählt, da sie viele Fragen enthielt, die das Blended-Learning-Kursformat mit anderen Präsenzkursen verglichen, die die Teilnehmer zuvor belegt hatten, sowie Fragen dazu, ob die Teilnehmer weitere Kurse im Blended-Learning-Format belegen würden. Fragen in der Umfrage, die den Anforderungen der Studie nicht entsprachen, wurden entfernt, so dass etwa 70 % des Fragebogens erhalten blieben. Der Blended Learning Survey for Students ist eine Abwandlung mehrerer bestehender Instrumente, wie z. B. *des Classroom Survey of Student Engagement* (CLASSE), einer Anpassung des National Survey of Student Engagement, der Umfragen in den Anhängen des Buches *Blended Learning In Higher Education* von Garrison und Vaughan, des *Blended Learning Toolkit*, das an der University of Central Florida entwickelt wurde, und der Studentenumfragen aus der COHERE-Studie von Cook, Owston und Garrison (Cook, et al. 2004). Der Blended Learning Survey for Students (Anhang D) wurde von der York University umfassend und erfolgreich für ihre Blended-Learning-Studiengänge für Studierende eingesetzt (Owston, 2012).

Wöchentlich wurden von den Teilnehmern über Survey Monkey Quizfragen zum bisherigen Unterrichtsstoff durchgeführt. Die Quizfragen enthielten fünf Multiple-Choice-Fragen (Anhang E), mit denen bewertet wurde, ob die Teilnehmer in der Lage waren, die Kursziele zu erreichen und das in den Kursen Gelernte zu Hause umzusetzen. Die Fragen in den Quiz wurden von der Lehrkraft entwickelt oder waren eine modifizierte Version der Microsoft Word 2007 Prüfung. Daher wurde für jeden der sieben Kursabschnitte ein Quiz entwickelt: Word, Skype, Facebook, Google, Web-Sicherheit, E-Mail für Fortgeschrittene und Twitter. Um die Gültigkeit und Zuverlässigkeit der Quizfragen zu gewährleisten, wurden sie von zwei Fachexperten bewertet, die an der Concordia University in Montreal, QC, Statistik unterrichten, sowie von einem älteren Erwachsenen aus der gleichen Bevölkerungsgruppe wie die älteren Erwachsenen in der Studie.

Um zu bewerten, ob die Teilnehmer in der Lage waren, die Kursziele zu erreichen und das in den Kursen Gelernte zu Hause umzusetzen, wurde das Vier-Stufen-Modell von Kirkpatrick (1998) verwendet. Das Modell von Kirkpatrick wurde als eine Abfolge von Möglichkeiten zur Bewertung von Schulungskursen konzipiert. Die vier Ebenen der Bewertung sind: Reaktion, Lernen, Verhalten und Ergebnisse. Bei einer Analyse auf Stufe 1 wird die Reaktion bewertet, d. h. was die Teilnehmer über die Schulung gefühlt und gedacht haben, auf Stufe 2 wird das Lernen bewertet, d. h. der Zuwachs an Wissen oder Fertigkeiten als Ergebnis der Schulung, auf Stufe 3 wird das Verhalten bewertet, d. h. die Übertragung von Wissen, Fertigkeiten oder Einstellungen vom Klassenzimmer auf den Arbeitsplatz oder nach Hause, und auf Stufe 4 wird das Ergebnis bewertet, d. h. die endgültigen Ergebnisse, die durch die Teilnahme der Teilnehmer an einem Schulungsprogramm erzielt wurden.

In dieser Studie wurden drei der vier Evaluierungsebenen untersucht. Die Fragebögen nach dem Kurs enthielten Fragen zu den Reaktionen der Teilnehmer auf die Kurse und den Kursleiter (Ebene 1), die wöchentlichen Quizfragen prüften den Lernerfolg der Teilnehmer in Bezug auf die Kursziele (Ebene 2), und es wurde ermittelt, ob sie in der Lage waren, ihr Wissen bei der Verwendung ihrer Computer zu Hause umzusetzen (Ebene 3).

Verfahren

Zwei Sitzungen mit acht Computerkursen wurden für ältere Erwachsene abgehalten. Der erste Kurs fand vom 14. Januar 2013 bis zum 4. März 2013 statt, der zweite Kurs vom 22. April 2013 bis zum 15. Mai 2013. Der Kursleiter, der Zeitplan und der Ort der Computerkurse waren identisch, mit Ausnahme der Kursdauer. Die Dauer des ersten Kurses betrug acht Wochen, die des zweiten Kurses vier Wochen. Jede Sitzung bestand aus zwei Gruppen von Teilnehmern (gemischte Gruppe, Klassenzimmergruppe), wobei die Teilnehmer in jeder Gruppe für jede Sitzung unterschiedlich waren.

Alle Teilnehmer wurden gebeten, die Einverständniserklärung zu Beginn des ersten Computerkurses zu unterschreiben. Es gab eine Einverständniserklärung für die Präsenzgruppe und eine für die gemischte Gruppe, da die gemischte Gruppe auch an einer Fokusgruppendiskussion am Ende der acht Kurse teilnahm. Teilnehmer, die nicht bereit waren, die Einverständniserklärung zu unterschreiben, nahmen nicht an der Studie teil, besuchten aber trotzdem die Computerkurse.

Am ersten Kurstag wurden allen Teilnehmern Fragebögen vor dem Kurs ausgehändigt, um festzustellen, warum sie an den Computerkursen interessiert waren, welche Erwartungen sie an die Kurse und den Kursleiter hatten und wie oft sie derzeit zu Hause einen Computer benutzen. Am letzten Kurstag wurden nach dem Kurs Fragebögen an alle Teilnehmer ausgegeben, um festzustellen, ob sie mit den Computerkursen, der Unterrichtsmethode, der Benutzerfreundlichkeit der Kurswebsite und dem Kursleiter zufrieden waren.

Zusätzlich nahmen nur für die Blended-Group fünf ältere Erwachsene an einer Fokusgruppendiskussion teil. Ziel der Fokusgruppe war es, herauszufinden, 1) ob den Teilnehmern das Format des gemischten Kurses gefiel, 2) welche Vor- und Nachteile sie in der Teilnahme an einem gemischten Kurs im Vergleich zu einem traditionellen Präsenzkurs sahen und 3) ob sie weitere Kurse im gemischten Format in Betracht ziehen würden.

Alle acht Präsenzkurse fanden im Collective Community Center in Lachine, Quebec, statt. Bei den gemischten Kursen fanden fünf der Kurse in einem Klassenzimmer am selben Ort in Lachine statt, und drei wurden online durchgeführt. Die Studenten nahmen an den Online-Kursen von ihrem jeweiligen Wohnort aus teil. Das Budget für dieses Projekt war minimal, da das CCS Lachine den Teilnehmern die Computerkurse für eine Gesamtgebühr von 5,00 $ anbot, um die Kosten für das Internet zu decken. Die Teilnehmer nutzten ihre eigenen Laptops oder die vom Zentrum bereitgestellten Computer. Der Kursleiter unterrichtete die Kurse freiwillig und wurde nicht dafür bezahlt. Für das Kopieren der Einverständniserklärung und der Fragebögen zahlte die Forscherin etwa 10,00 $.

Alle Computerkurse dauerten eineinhalb Stunden und wurden von der Lehrkraft in PowerPoint 2007 entwickelt. Bei den Präsenzkursen wurden die Folien mit einem Projektor auf einer großen Leinwand gezeigt. Bei den Online-Kursen wurden die PowerPoint-Folien in Adobe Connect (Software für Webkonferenzen) hochgeladen und mit den Teilnehmern in der Adobe Connect-Umgebung geteilt.

Zu Beginn eines jeden Kurses absolvierten die Teilnehmer ein kurzes Online-Quiz mit fünf Fragen zum Stoff des vorangegangenen Kurses. Nach Abschluss des Quiz begann der geplante Kurs.

Zu Beginn jedes Kurses erläuterte der Ausbilder die Ziele des Kurses. Nachdem die Ziele festgelegt waren, ging der Kursleiter die für den Kurs entwickelten PowerPoint-Folien durch. Die Teilnehmer folgten dem Kursleiter auf ihrem Computer und lernten Schritt für Schritt im Stil von "Lernen und Anwenden" (Charness, Czaja & Sharit, 2007). Der Kursleiter wechselte gelegentlich von den Folien zu der Software, die die Teilnehmer für diesen Kurs lernten. Wenn das Thema des Kurses beispielsweise Skype war, meldete sich die Kursleiterin bei einem Skype-Konto an, das sie für den Kurs erstellt hatte, und demonstrierte, wie man bestimmte Funktionen in Skype ausführt. Die Teilnehmer wurden aufgefordert, sich ein eigenes Skype-Konto einzurichten und sich gegenseitig und die Kursleiterin als Kontakte hinzuzufügen. Dies erwies sich für viele Teilnehmer als Herausforderung, da sie nicht daran gewöhnt waren, einen Benutzernamen und ein Passwort einzurichten.

Im weiteren Verlauf des Kurses konnten die Teilnehmer die wichtigsten Funktionen der Software üben, z. B. die Funktionen für Anrufe und Videoanrufe. Während des gesamten Kurses vergewisserte sich der Kursleiter, dass die Teilnehmer die erforderlichen Operationen ausführten, indem er sie fragte, ob sie verstanden, was sie tun sollten, und gelegentlich ihre

Computerbildschirme überprüfte. Teilnehmern, die verwirrt oder verloren schienen, wurde sofort geholfen, da von allen in der Gruppe erwartet wurde, dass sie im gleichen Tempo mitarbeiten. Am Ende jedes Kurses erinnerte der Kursleiter alle Teilnehmer daran, dass sie auf die Website des Kurses verweisen sollten, wenn sie das im Kurs Gelernte zu Hause üben wollten.

Die Online-Kurse wurden auf die gleiche Weise wie die Präsenzkurse durchgeführt, mit dem Unterschied, dass sich die Teilnehmer nicht im Klassenzimmer, sondern in der Adobe Connect-Umgebung befanden. Nachdem sich der Kursleiter und die Teilnehmer bei Adobe Connect angemeldet hatten, konnten sie sich gegenseitig sehen und hören, da der Kursleiter allen Teilnehmern Webcam- und Mikrofonrechte gewährte. Aufgrund der lauten Rückkopplungsgeräusche und der gleichzeitig sprechenden Teilnehmer entschied der Kursleiter jedoch, dass die Kommunikation über die Chat-Funktion oder die Freigabe der Mikrofonrechte für jeweils einen Teilnehmer effektiver wäre. Daher war nur das Mikrofon des Kursleiters aktiv, und die Teilnehmer hörten dem Kursleiter zu, während die PowerPoint-Folien auf dem Bildschirm angezeigt wurden.

Der Kursleiter bezog die Teilnehmer in den Kurs ein, indem er Fragen stellte, sich vergewisserte, dass sie den Kursunterlagen folgen und sie verstehen, und im Chat auf die Fragen und Kommentare der Teilnehmer antwortete. Ähnlich wie bei den Präsenzkursen wechselte der Kursleiter gelegentlich von den Folien zur eigentlichen Software, die die Teilnehmer für diesen Kurs lernten. In der Online-Umgebung konnten die Teilnehmer jedoch nicht mehr den Kursleiter sehen, sondern nur noch seine Stimme hören und die Software auf dem Bildschirm sehen, wenn der Kursleiter die Ansicht in Adobe Connect von den PowerPoint-Folien auf die Software wechselte, die der Kurs gerade lernte. Als der Kursleiter beispielsweise im Microsoft Word-Kurs die Ansicht in Adobe Connect von den PowerPoint-Folien auf Word umstellte, konnten die Teilnehmer nur noch den Kursleiter hören und das Word-Dokument auf dem Bildschirm sehen.

Außerdem konnte der Kursleiter in der Online-Umgebung die Bildschirme der Teilnehmer nicht sehen, um sicherzustellen, dass diese dem Unterricht auf ihren Computern folgen. Der Kursleiter musste ständig darauf achten, dass die Teilnehmer sehen und verstehen, was im Kurs gelehrt wird. Der Kurs endete auf dieselbe Weise wie der Präsenzkurs, indem der Kursleiter die Teilnehmer daran erinnerte, die Website des Kurses aufzurufen, wenn sie das im Kurs Gelernte üben wollten.

Am letzten Kurstag schließlich nahmen beide Gruppen an einem Klassenzimmerkurs teil. Der Kurs für beide Gruppen lautete "Gehirntrainingsspiele". Die Spiele wurden von zwei verschiedenen Websites heruntergeladen: www.lumosity.com (Abbildung 11) und www.positscience.com (Abbildung 12). Der Kursleiter und die Teilnehmer riefen die Websites auf ihren Computern auf, registrierten sich und spielten die Spiele. Der Kursleiter stand auch zur Verfügung, um Fragen zu beantworten und das in den vorangegangenen Wochen vermittelte Kursmaterial zu wiederholen. In den letzten 15 Minuten des Kurses füllten die Teilnehmer schließlich den Fragebogen zur Nachbereitung des Kurses aus.

Kursplan für das Klassenzimmer und gemischte Gruppen

Tabelle 4 zeigt den Kursplan, den der Ausbilder zu Beginn der Kurse an die Teilnehmer verteilte. Der Zweck des Kursplans bestand darin, die Teilnehmer über die bevorstehenden Kurse zu informieren und der gemischten Gruppe mitzuteilen, welche Kurse im Klassenzimmer und welche online durchgeführt werden sollten. In der Woche vor dem geplanten Online-Kurs erinnerte der Ausbilder die Teilnehmer der gemischten Gruppe daran, dass der nächste Kurs online stattfinden würde.

Der Kursleiter stellte den Kursplan so auf, dass ein Online-Kurs alle zwei Wochen und nicht jede Woche stattfand. Damit sollte sichergestellt werden, dass die Teilnehmer die Möglichkeit hatten, das Online-Format zu erleben, aber nicht die soziale Isolation, die bei Online-Kursen auftreten kann. Das Ziel des Kursleiters war es also, dass die Teilnehmer die beste Mischung aus beiden Unterrichtsformen erleben.

Tabelle 4
Wöchentlicher Kursplan

Week	Date	Course	Blended Group Location
1	January 14, 2013	Google	Classroom
2	January 21, 2013	Skype/Adobe Connect	Classroom
3	January 28, 2013	Web Safety	Online
4	February 4, 2013	Advanced e-mail	Classroom
5	February 11, 2013	Microsoft Word	Online
6	February 18, 2013	Twitter	Classroom
7	February 25, 2013	Facebook	Online
8	March 4, 2013	Brain Training	Classroom

6. QUANTITATIVE ERGEBNISSE

Ziel dieser Studie mit gemischten Methoden war es, die Auswirkungen der Unterrichtsmethode auf die Quizergebnisse der Schüler und die Zufriedenheit der Schüler sowie die Auswirkungen des gemischten Unterrichts auf die Bewertung der Motivation der Schüler zu untersuchen.

In dieser Studie wurden zwei Sitzungen von Computerkursen im gleichen Format, mit den gleichen Kursmaterialien, Verfahren und am gleichen Ort durchgeführt. Der einzige Unterschied zwischen den Sitzungen war die Dauer der Kurse: acht Wochen in der ersten Sitzung und vier Wochen in der zweiten Sitzung. Da die Stichprobengröße in den Gruppen für beide Sitzungen sehr klein war, war die Kombination der Daten aus den beiden Sitzungen eine Möglichkeit, eine größere Gesamtstichprobe zu erhalten. Um sicherzustellen, dass kein statistisch signifikanter Unterschied zwischen den beiden Sitzungen bestand, wurde eine einseitige *ANOVA mit den* Daten der Selbsteinschätzung der Schüler aus Sitzung 1 und 2 durchgeführt. Die Analyse bestätigte, dass sich die beiden Sitzungen statistisch nicht unterschieden, $F(1, 10) = 1,63$, $p=.23$. Daher wurden für die Ergebnisse dieser Studie die Daten aus den beiden Sitzungen der Computerkurse kombiniert.

Quantitative Datenanalyse

Der Zweck der quantitativen Analyse bestand vor allem darin festzustellen, ob die Art der Unterweisung einen Einfluss auf die Quizergebnisse und die Zufriedenheit der Teilnehmer hatte. Die quantitativen Ergebnisse werden mit der qualitativen Analyse verglichen, um zu versuchen, die gesammelten Daten zu triangulieren. Deskriptive Statistiken (Mittelwerte und Standardabweichungen) und Häufigkeiten wurden mit dem *IBM Statistical Package for Social Sciences* (SPSS; Version 21) ausgewertet. Für die folgenden Datenanalysen gab es für jede Gruppe eine kleine Stichprobe, acht in der Klassenraumgruppe und neun in der gemischten Gruppe. Es ist bekannt, dass eine kleine Stichprobengröße eine geringere Aussagekraft über Unterschiede oder Beziehungen hat.

Zur Beantwortung der Forschungsfrage in Bezug auf die Unterschiede zwischen gemischtem und klassischem Unterricht auf der Grundlage der Quiz-Ergebnisse wurde ein Chi-Quadrat-Test mit unabhängigen Stichproben durchgeführt. Um zu untersuchen, ob die Art des Unterrichts (Präsenzunterricht, gemischter Unterricht) und der Zeitpunkt (vor und nach dem Kurs) einen Einfluss auf das Lernen der Teilnehmer mit dem Kursmaterial hatten, wurden die

Selbsteinschätzungen der Teilnehmer in den Gruppen mit gemischtem Unterricht und Präsenzunterricht mit einer 2 x 2 *ANOVA* mit wiederholten Messungen analysiert. Um festzustellen, ob die Studierenden in der Blended-Group oder in der Classroom-Group zufriedener mit den Kursen waren, wurde außerdem eine f-Test-Analyse mit unabhängigen Stichproben durchgeführt. Die Ergebnisse der Analysen sind im Folgenden dargestellt.

Unabhängige Stichproben Chi-Quadrat

Um die Auswirkung des Unterrichtstyps auf die Quiz-Ergebnisse der Studenten zu ermitteln, führten die Teilnehmer wöchentliche Quizze über Survey Monkey zum Stoff der vorangegangenen Kurssitzung durch. Die Quizfragen bestanden aus fünf Multiple-Choice-Fragen mit den drei Antwortmöglichkeiten A, B oder C. Die Tabelle in Anhang I listet die fünf Fragen mit den Antworten der Teilnehmer auf, entweder A, B oder C. Ein Sternchen steht neben der richtigen Antwort für jede Frage. Diese Rohdaten wurden über alle Sitzungen hinweg summiert, um das Chi-Quadrat zu berechnen.

Die Quizfragen wurden in Survey Monkey ausgewertet, da die Software eine Antwortanzahl berechnet. Daher lieferte Survey Monkey für jede Frage des Quiz die Anzahl der Teilnehmer, die mit A, B oder C geantwortet haben. Der Forscher verglich die Ergebnisse jeder Frage mit der richtigen Antwort und erstellte Tabellen in Excel, um die Daten zu analysieren. Für den Kurs Erweiterte E-Mail-Funktionen füllte ein Teilnehmer in der Blended-Learning-Gruppe den Fragebogen fälschlicherweise zweimal aus. Da Survey Monkey die Häufigkeitszahlen für jede Frage berechnet, bemerkte der Forscher, dass es für jede Frage eine zusätzliche Antwort gab. Da alle Fragen im Quiz richtig beantwortet wurden, war es nicht schwierig, eine Antwort für jede Frage zu entfernen.

Für jeden Kurs (Facebook, Google, Skype, Web-Sicherheit, Word, E-Mail für Fortgeschrittene und Twitter) wurde die Anzahl der richtigen und falschen Antworten der Teilnehmer gezählt (Häufigkeiten) und in einzelne Tabellen in Microsoft Excel eingetragen. Aus den Daten in den einzelnen Tabellen wurde eine Tabelle mit der Gesamtzahl der richtigen und falschen Antworten (Häufigkeiten) erstellt und zur Berechnung von Chi-Quadrat verwendet. In dieser Studie wurden die Gesamthäufigkeiten zur Berechnung des Chi-Quadrats verwendet, da die Stichprobe klein war, keine individuellen Antworten auf die Quizfragen vorlagen und nominale Daten (Klassenzimmer/gemischt, richtig/falsch) analysiert wurden.

Tabelle 5 enthält die beobachteten Häufigkeiten, d. h. die Gesamtzahl der in Excel eingegebenen Häufigkeiten. Die beobachteten Häufigkeiten wurden mit den erwarteten Häufigkeiten verglichen, d. h. den Häufigkeiten, die man allein durch Zufall in jeder Zelle erwarten würde (Urdan, 2010). Mit diesem Test konnte also festgestellt werden, ob die beobachteten Häufigkeiten signifikant von den erwarteten Häufigkeiten abweichen.

Die Ergebnisse der Chi-Quadrat-Analyse zeigten keinen signifikanten Unterschied zwischen der Art des Unterrichts und den richtigen und falschen Antworten, x^2 (1, $N = 524$) = 2,01, $p=.16$. Die Ergebnisse deuten also darauf hin, dass es keinen signifikanten Unterschied zwischen Blended Learning und Präsenzunterricht gibt, wenn man die Ergebnisse der Quizfragen betrachtet. Allerdings zeigten die Ergebnisse, dass die Blended-Learning-Gruppe einen etwas größeren Anteil an richtigen gegenüber falschen Antworten hatte als die Präsenzgruppe.

Es gibt eine zweite Möglichkeit, eine 2 x 2-Häufigkeitsverteilung zu analysieren (d. h. Kreuztabellen), bei der ein Faktor eine Unterscheidung zwischen einer Behandlungs- und einer Kontrollgruppe darstellt und der andere Faktor eine dichotome abhängige Variable ist (z. B. richtig-falsch). Eine Effektgröße *vom Typ d* kann aus einem logarithmischen Odds Ratio (LOR) umgerechnet werden, das aus einem Odds Ratio (OR = A x D/B x C) abgeleitet wird. Die folgende statistische Methode und die Ergebnisse dieser Analyse sind in den Tabellen 5 und 6 dargestellt.

$$OR = \frac{AD}{BC}$$

$$LOR = \log N(oddsratio)$$

$$d = \frac{LOR}{1.8138}$$

Table 5
Frequencies of Right and Wrong Answers by Instructional Type

	Right	Wrong	Frequency
Blended	265	39	304
Classroom	182	38	220
Frequency	447	77	524

Table 6

Effect Size Calculation

Odds Ratio	Log Odds Ratio	d
1.42	0.35	0.19

Die Effektgröße wurde auch berechnet, um festzustellen, ob es Unterschiede zwischen der gemischten Gruppe und der Gruppe im Klassenzimmer hinsichtlich der richtigen und falschen Antworten gibt. Die Ergebnisse der Effektstärkenberechnung ($d=0{,}19$) deuteten auf einen geringen Unterschied zwischen den Gruppen bei der Erreichung von richtigen und falschen Antworten hin. Die Ergebnisse zeigten, dass die gemischte Gruppe bei den Quizfragen etwas besser abschnitt als die Gruppe im Klassenzimmer.

Zusätzlich zu den Quizfragen füllten die Teilnehmer vor und nach dem Kurs Fragebögen aus. Die Fragebögen enthielten sowohl Likert-Fragen (mit geschlossenen Antworten) als auch Fragen mit offenen Antworten. So konnten sowohl quantitative als auch qualitative Daten erhoben werden.

ANOVA mit wiederholten Messungen

Um zu untersuchen, ob die Art des Unterrichts (Präsenzunterricht, gemischter Unterricht) und der Zeitpunkt (vor und nach dem Kurs) einen Einfluss auf das Erlernen des Kursmaterials durch die Teilnehmer hatten, wurden die Teilnehmer gebeten, ihre Kenntnisse der Anwendungen (Internet, E-Mail, Skype, Twitter und Word) vor und nach dem Kurs auf einer Skala von 1 (keine) bis 5 (ausgezeichnet) anhand einer Likert-Skala selbst zu bewerten. Wenn zum Beispiel ein Teilnehmer sich selbst (vor dem Test) so einschätzt, dass er keine oder nur geringe Kenntnisse über Skype hat (1/5), und nach dem Kurs seine Kenntnisse über Skype als sehr gut einschätzt (4/5), dann kann man davon ausgehen, dass der Teilnehmer durch den Kurs seine Skype-Kenntnisse verbessert hat.

Um zu untersuchen, ob es eine Wechselwirkung zwischen der Unterrichtsart und der Zeit gab, wurde eine einseitige *ANOVA* mit wiederholten Messungen in SPSS (Version 21) durchgeführt. Ich führte eine 2 x 2 *ANOVA* mit wiederholten Messungen durch, wobei die Zeit (vor, nach) der Faktor *innerhalb der Versuchspersonen* und die Art des Unterrichts (Klassenunterricht, gemischter Unterricht) der Faktor *zwischen den Versuchspersonen war*. Diese Analyse ergab ein statistisch signifikantes Ergebnis für den Haupteffekt der Zeit, $F\,(1, 12) = 56{,}2$, $p=.000$ und der Unterrichtsart, $F\,(1, 12) = 5{,}7$, $p=.03$.

Tabelle 71
Deskriptive Statistik für den Einfluss der Unterrichtszeit auf die Selbsteinschätzung der Schüler

Test	Type of Instruction	M	SD	N
Pre-total	Blended	12.6	2.8	7
	Classroom	9.0	2.2	7
	Total	10.8	3.0	14
Post-total	Blended	18.1	2.8	7
	Classroom	14.7	4.2	7
	Total	16.4	3.9	14

Tabelle 8
Varianzanalyse mit wiederholten Messungen für Selbsteinschätzungen

Source	SS	df	MS	F	p
Group	85.8	1	85.8	5.7	.03
Error	180.4	12	15.0		
Within Subjects					
Time	222.9	1	222.9	56.2	.00
Time *Group	0.04	1	0.04	0.00	.93
Error (factor 1)	47.6	12	3.96		

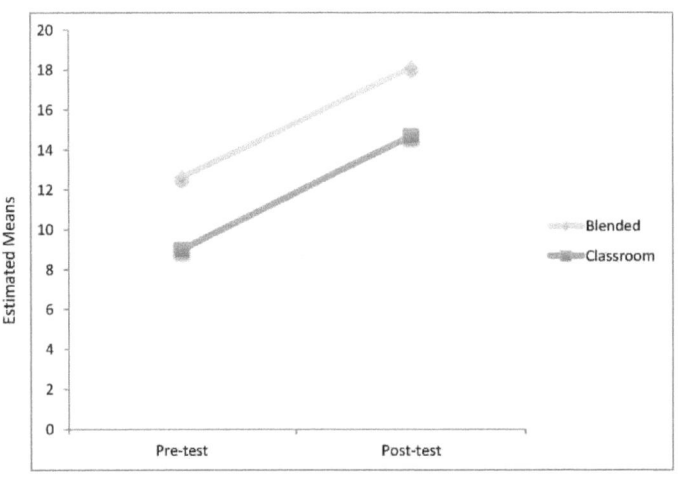

Abbildung 4. Art des Unterrichts (Präsenzunterricht, gemischter Unterricht) nach Zeit (vor dem Test, nach dem Test).

Die Ergebnisse zeigten, dass der **Haupteffekt der** Unterrichtsart (Blended, Classroom) und der **Zeit (pre, post) statistisch** signifikant **waren.** Dies **deutet darauf hin, dass** die Blended-Group signifikant mehr **lernte** als **die** Classroom-Group nach den Kursen. Abbildung 4 veranschaulicht jedoch, dass die Selbsteinschätzungen **der beiden** Gruppen vor dem Test von Anfang an unterschiedlich waren, da der Mittelwert für **die** Blended-Group **bei** 12,6 **und** der Mittelwert **für die** Classroom-Group bei 9 lag. Die **Selbsteinschätzungen** der Blended-Group **waren** also **bereits** beim Vortest **höher,** was bedeutet, dass die **Unterschiede vor** dem Test die Unterschiede nach dem Test **verursacht haben** könnten. Nichtsdestotrotz zeigt Abbildung 4, dass alle Schülerinnen und Schüler ihr Wissen über die Anwendungen im Nachtest besser einschätzten als im **Fragebogen** vor dem **Kurs,** pe.

F-Test *für* unabhängige Stichproben

Um die **Zufriedenheit der Teilnehmer zu untersuchen, wurden die** Daten **des** Fragebogens nach dem Kurs **verwendet. Die Teilnehmer bewerteten, ob sie** mit **dem Kurs und dem Dozenten zufrieden waren und** ob sie die **Kurse** weiterempfehlen würden. Der Fragebogen nach dem Test enthielt sowohl Likert-Fragen (mit geschlossenen Antworten) als auch offene Fragen. So konnten sowohl quantitative als auch qualitative Daten erhoben werden. Die gesammelten quantitativen Daten wurden auf einer Intervallskala mit einem Nummerierungssystem von 1 bis 4 bewertet. Für die Analyse der Daten aus den Likert-Fragen wurden die Punkte wie folgt vergeben: A = 1, B= 2, C= 3, D=4. Der Buchstabe A stand immer für *starke Zustimmung oder sehr oft* und wurde mit der Zahl 1 bewertet. Der Buchstabe D stand immer für "*stimme überhaupt nicht zu*" oder "*stimme nie zu*" *und wurde mit der* Zahl 4 bewertet. Die Zufriedenheitsbewertungen wurden anhand der Fragen 19-23 des Fragebogens nach dem Kurs bewertet, der aus fünf geschlossenen Fragen und einer offenen Frage bestand. Es wurde eine Excel-Tabelle erstellt, um die Bewertungen der Fragebögen zu erfassen.

Zur Messung der Zufriedenheitswerte wurde die Datenanalyse in SPSS (Version 21) durchgeführt und ein *t-Test für* unabhängige Stichproben durchgeführt. Ein zweiseitiger *t-Test für* unabhängige Stichproben mit dem Unterrichtstyp (gemischter Unterricht, n=9; Klassenzimmer, n=8) als unabhängige Variable und den Zufriedenheitsbewertungen als abhängige Variable. Diese Analyse ergab einen nicht signifikanten *t-Wert, t*(15) = 1,01 *p=* .33. Siehe Tabelle 9.

Zur Analyse der Daten wurde ein *t-Test für* unabhängige Stichproben verwendet, da es zwei Gruppen gab, eine unabhängige Variable, Unterricht, mit zwei Stufen (Präsenzunterricht, gemischter Unterricht) und eine abhängige Variable, Zufriedenheitsbewertungen.

Tabelle 9

Art der Unterweisung und Zufriedenheitsbewertungen

Source	Type	N	Mean	SD	t	df	p	Mean diff.
Satisfaction	Blended	9	6.8	1.7	1.01	15	.33	0.78
	Classroom	8	6.0	1.4				

Diese Analyse untersuchte, ob die Studierenden mit den Computerkursen in der gemischten oder in der Präsenzgruppe zufriedener waren. Die Ergebnisse zeigten, dass die Studierenden mit den Computerkursen zufrieden waren, unabhängig von der Unterrichtsform.

Die Abbildungen 5 und 6 zeigen, dass die Teilnehmer insgesamt sehr zufrieden mit den Kursen waren, da sie die meisten Fragen zur Kurszufriedenheit mit *"sehr gut" beantworteten.* Darüber hinaus zeigt Abbildung 5, dass fünf Teilnehmer der Präsenzgruppe die Frage 22, ob ihr Interesse an der Materie durch die Teilnahme an den Kursen gestiegen ist, mit *"sehr gut"* und drei mit *"gut" beantworteten.* Nur eine Teilnehmerin *stimmte* bei dieser Frage *überhaupt nicht zu*, da sie aus persönlichen Gründen keine Online-Präsenz haben wollte.

Für die gemischte Gruppe zeigt Abbildung 6, dass vier Teilnehmer der Frage 22, ob ihr Interesse am Thema durch die Teilnahme an den Kursen gestiegen ist, *voll und ganz zustimmten* und fünf der Frage *zustimmten.* Insgesamt waren die Teilnehmer beider Gruppen sehr zufrieden mit den Kursen, und die Teilnahme an den Kursen steigerte ihr Interesse an sozialen Netzwerken und Computerkenntnissen.

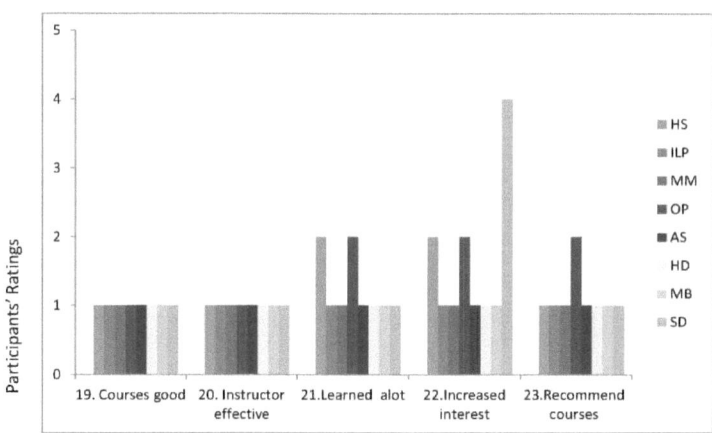

Abbildung 5: Zufriedenheit der Teilnehmer der Unterrichtsgruppe mit den Kursen.

Die Bewertungen werden wie folgt angegeben: 1: stimme voll und ganz zu, 2: stimme zu, 3: stimme nicht zu und 4: stimme überhaupt nicht zu. Die Initialen des Teilnehmers sind wie angegeben: HS, ILP, MM, OP, AS, HD, MB & SD.

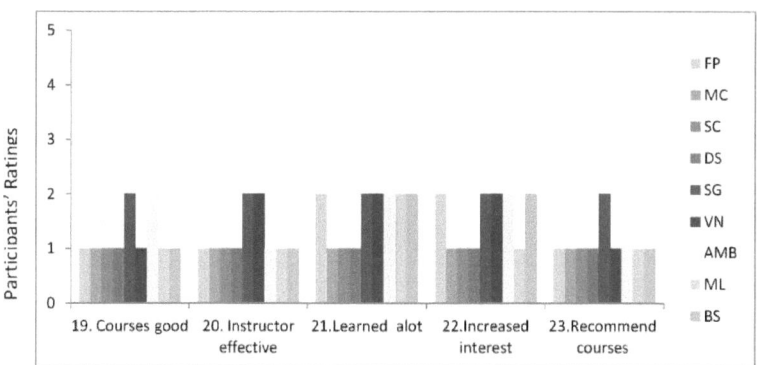

Abbildung 6: Zufriedenheit der Teilnehmer der gemischten Gruppe mit den Kursen.

Die Bewertungen werden wie folgt angegeben: 1: stimme voll und ganz zu, 2: stimme zu, 3: stimme nicht zu und 4: stimme überhaupt nicht zu.

Die Initialen des Teilnehmers sind wie angegeben: FP, MC, SC, DS, SG, VN, AMB, ML, & BS.

7. QUALITATIVE ERGEBNISSE

Die Teilnehmer äußerten sich insgesamt sehr positiv über die Kurse und den Dozenten. Gemeinsame Themen in den Kommentaren der Teilnehmer waren: Der Ausbilder war sehr hilfsbereit und hatte viel Geduld", "Er hat alle Bestandteile des Unterrichts sehr gut erklärt", "Ausgezeichnete Kurse", "Die Lehrmethode des Ausbilders hat mir gefallen" und "Der Ausbilder war immer da, um alle unsere Fragen zu beantworten".

Qualitative Datenanalyse

Die Kommentare der Teilnehmer auf dem Fragebogen nach dem Kurs für beide Gruppen spiegelten die quantitativen Ergebnisse wider. Die Teilnehmer gaben an, dass sich ihre Computerkenntnisse und -fähigkeiten durch die Teilnahme an den Kursen verbessert haben. Zum Beispiel kommentierten die Teilnehmer, dass sie: "viel gelernt", "Computer besser verstanden", "mehrere neue Anwendungen gelernt", "meine Fähigkeiten verbessert" und "mich mit den Anwendungen wohler gefühlt".

Blended Instruction und die Bewertung der Motivation durch die Schüler

Um die Auswirkungen des gemischten Unterrichts auf die Einschätzung der Motivation der Studierenden zu untersuchen, füllten die Teilnehmer der gemischten Gruppe zusätzliche Fragen im Fragebogen nach dem Kurs aus. Die Teilnehmer wurden nach ihrer Motivation gefragt, weitere Blended-Kurse zu belegen, und ob sie einen Online-Kurs einem Präsenzkurs vorziehen. Tabelle 10 enthält die Fragen, Bewertungen und Kommentare der neun Teilnehmer.

Tabelle 10

Fragen und Bewertungen zur Motivation

Questions	Student Ratings
1. Given the opportunity I would take another course in the future that has both online & face-to-face components?	Seven: strongly agree, two: agree. Comments included 'To keep up-to-date with new technology', 'Enjoying both the online and face-to-face courses'
2. The online and face-to-face course components enhanced each other.	Five: strongly agree, four: agree. Comments included: 'Online is great due to not everyone talking at the same time, and hands-on with the teacher is great.' 'Yes, but easier to communicate face-to-face'. 'Online doesn't always work well, but fun to learn'.
3. If the same course is being offered in different formats, which course format would you prefer?	Six: blended course format (online & face-to-face), while 3 rated: entirely face-to-face courses.

Die Ergebnisse zeigten, dass fast alle Teilnehmer der gemischten Gruppe angaben, dass ihnen das gemischte Format des Kurses gefiel und dass sie daran interessiert wären, in Zukunft gemischte Kurse zu belegen. Interessant ist auch, dass mehr als die Hälfte der Teilnehmer nicht nur motiviert waren, weitere Blended-Kurse zu belegen, sondern diese sogar den traditionellen Präsenzkursen vorziehen würden.

Zu den verschiedenen Kommentaren der Teilnehmer bezüglich ihrer Motivation, in Zukunft weitere gemischte Kurse zu belegen, gehörten: "Um mit der neuen Technologie auf dem Laufenden zu bleiben", "Ich würde einen weiteren Kurs belegen, weil ich immer bereit bin, neue Dinge zu lernen" und "Um zu sehen, ob die Einarbeitung in den Online-Teil einfacher wird".

Fokusgruppen-Interview

Im Anschluss an die offenen Fragen wurde am 4. März 2013 ein Fokusgruppeninterview mit fünf Teilnehmern (FP, MC, ML, DS und VV) aus der Blended-Learning-Gruppe durchgeführt. Das Interview fand in der achten Woche im CCS in Lachine, QC, statt. Die Dauer des Gesprächs betrug etwa 20 Minuten. Die vier Fragen, die in dem Interview erörtert wurden, sind im Folgenden aufgeführt.

1. Was waren Ihrer Meinung nach die Vor- und Nachteile der Teilnahme an einem gemischten Kurs im Vergleich zu einem Präsenzkurs?
2. Was hat Ihnen an dem gemischten Kursformat gefallen? Gab es etwas, das Ihnen nicht gefallen hat?
3. Was kann Ihrer Meinung nach getan werden, um das Format des gemischten Kurses zu verbessern?
4. Würden Sie in Betracht ziehen, weitere Kurse im Blended-Format zu belegen?

Diese Folgeanalyse wurde durchgeführt, um die Erfahrungen der Teilnehmer der gemischten Gruppe zu erfassen. Die Teilnehmer wurden gebeten, auf vier allgemeine Fragen zu ihren individuellen oder gemeinsamen Erfahrungen zu antworten. Das Interview wurde aufgezeichnet und später mit Microsoft Word transkribiert. Das Interview wurde anschließend mit Microsoft Word nach der Methode des ständigen Vergleichs von Glaser und Strauss (1967) kodiert. Bei dieser induktiven und vergleichenden Methode werden die Daten durch offenes Kodieren kategorisiert, wobei die ersten Notizen der Forscher zu den Daten aufgezeichnet werden. Anschließend werden diese Codes mit Hilfe der so genannten axialen Kodierung in kleinere Kategorien eingeteilt. Diese Phase ist durch Nachdenken und Verstehen gekennzeichnet. Letztendlich werden diese Gruppierungen verfeinert, um breite Kategorien oder Themen zu erhalten. Diese Kategorien oder Themen, die sich aus den Daten ergeben, werden hervorgehoben und diskutiert (Merriam, 2009). Die sich aus den Daten ergebenden Themen werden im Folgenden skizziert.

Fundstücke

Aus der Datenanalyse ergaben sich die folgenden drei Themen: (a) Zufriedenheit bzw. Unzufriedenheit der Teilnehmer mit der Blended-Learning-Umgebung im Vergleich zur reinen Präsenzumgebung, (b) situiertes Lernen: Erfahrungen der Teilnehmer mit dem Lernen in der Blended-Umgebung und (c) Motivation der Teilnehmer, in Zukunft weitere Blended-Kurse zu belegen.

Zufriedenheit/Unzufriedenheit mit der gemischten Lernumgebung. In dieser Studie kombinierte die gemischte Lernumgebung sowohl das Online- als auch das Präsenzlernen. Eines der Themen, die aus den Daten hervorgingen, war die Unzufriedenheit der Teilnehmer mit den Einschränkungen, die mit dem Lernen in einer Online-Umgebung verbunden sind, wie z. B. Schwierigkeiten, die sozialen Hinweise des Lehrers zu lesen. Außerdem waren einige

Teilnehmer der Meinung, dass es im Vergleich zum Klassenzimmer schwierig sei, in der Online-Umgebung eine offene Diskussion zu führen. Kommentare von FP und DS:

> **FP:** Ich bevorzuge den Präsenzkurs gegenüber den gemischten (Online-)Kursen. Im Online-Kurs hatte ich das Gefühl, dass ich mich zurücklehnte, anstatt meine Fragen zu stellen. Sie haben vielleicht bemerkt, dass ich nicht viele Fragen hatte, ich hatte Fragen, aber ich habe sie nicht gestellt. Und: In diesem Format ist man mehr eingeengt, denke ich, deshalb bevorzuge ich persönlich den Präsenzkurs, in dem man sich persönlich kennenlernt, es ist einfacher, Ihre Aufmerksamkeit zu bekommen, und ich kann meine Fragen stellen.

Ein anderer Teilnehmer kommentierte:

> **DS: Das** Einzige, was mir nicht gefallen hat, war, dass wir nicht alle gleichzeitig sprechen konnten, wir waren eingeschränkt. Das hat es schwierig gemacht, weil wir aufschreiben mussten, was wir sagen wollten, denn als Gruppe muss es eine Möglichkeit geben, dass jeder sprechen kann.

Die Kommentare der Teilnehmer spiegeln wider, was allgemein von Studierenden geäußert wird, die sich für das Lernen in einer Online-Umgebung entschieden haben, unabhängig von der Altersgruppe. Obwohl das Online-Lernen viele Vorteile hat, wie z. B. das Lernen im eigenen Tempo und in der eigenen Zeit, gibt es auch Nachteile, wie z. B. die minimale soziale Interaktion.

Im Allgemeinen gaben die meisten Teilnehmer an, dass sie mit den gemischten Kursen zufrieden waren. Kommentare von ML, DS und VV:

> **ML:** Die Mischung macht mir nichts aus, aber ich bin es gewohnt, in einem Klassenzimmer zu sein, ich denke, man gewöhnt sich daran. Der Kurs war sehr informativ. Ich war an dieses Format nicht gewöhnt, aber es war gut für mich.

> **DS:** Es hat mir Spaß gemacht, weil ich keinen Laptop habe, sondern einen Desktop, ich bin an meinen Desktop und seine Geschwindigkeit gewöhnt, und ich habe den Online-Kurs wirklich genossen. Ich hatte die Möglichkeit, meine neue Webcam auszuprobieren, und ich habe den Online-Kurs sehr genossen.

VV Was mir online gefiel, war die Tatsache, dass ich chatten konnte, ohne zu unterbrechen. Wenn ich etwas zu sagen hatte, tippte ich es einfach in den Chat, und Sie (der Dozent) antworteten darauf.

Diese Ergebnisse spiegeln die Ergebnisse der quantitativen Datenanalyse wider. Bei der quantitativen Datenanalyse gaben die Studierenden in der Blended-Group an, dass sie mit den Blended-Kursen zufrieden waren, jedoch nicht in höherem Maße als die Studierenden in der Classroom-Only-Gruppe. Die Ergebnisse der quantitativen und qualitativen Analysen deuten also darauf hin, dass einige der Teilnehmer der Blended Learning-Gruppe mit der Blended Learning-Umgebung zufriedener waren, während andere Teilnehmer, wie z. B. FP, angaben, dass sie das Lernen in der traditionellen Klassenraumumgebung vorzogen.

Situiertes Lernen: Teilnehmer lernen in einer gemischten Umgebung. Ein weiteres hervorstechendes Thema, das aus den Daten hervorging, war die Bedeutung des situierten Lernens. Lave und Wenger (1991) definieren situiertes Lernen als Lernen, das in demselben Rahmen stattfindet, in dem es angewendet wird, und dass Lernen ein sozialer Prozess ist. Diese Art des Lernens ermöglicht es den Schülern, durch Sozialisierung, Visualisierung und Nachahmung zu lernen. Diese Art des Lernens war in der Blended-Learning-Umgebung offensichtlich, da die Teilnehmer angaben, dass sie 38

voneinander gelernt haben. Sie gaben auch an, dass sie sich gegenseitig halfen und stolz waren, wenn sie einem anderen helfen konnten. Dadurch fühlten sie sich mutiger und waren eher bereit, neue Dinge am Computer auszuprobieren. Außerdem wurden sie zu Experten, da andere Mitglieder des Zentrums, die nicht an den Computerkursen teilnahmen, sie um Hilfe baten. Die Kommentare der Lernenden lauten unter anderem:

FP: Sogar Monica hat mir am Freitag Fragen gestellt! Wir lernen voneinander.

MC: Hier an meinem Computer fühle ich mich sicherer, ich habe etwas ausprobiert, von dem ich nicht wusste, wie es geht, und ich habe es geschafft! Ich habe einen Ordner in meiner E-Mail eingerichtet, ich habe es geschafft!

MC: Ich habe Frank unterrichtet, aber wenn ich nach Hause komme, habe ich Angst zu klicken, ich weiß nicht warum, ich habe Angst, irgendwohin zu kommen, und es ist ein Chaos.

ML: Du musst es auf deinem Computer ausprobieren! Wenn es jemand anders macht, lernt man es nicht.

Die quantitativen Datenanalysen zeigten, dass die Blended Learning-Teilnehmer nach den Computerkursen nach eigener Einschätzung mehr über die Anwendungen wussten. Darüber hinaus ergab die Chi-Quadrat-Analyse, dass die Blended-Learning-Teilnehmer bei den Quizfragen etwas besser abschnitten als die Teilnehmer der Präsenzkurse. Einer der Gründe dafür könnte sein, dass die meisten Teilnehmer der gemischten Gruppe ihre eigenen Laptops zu den Kursen mitbrachten. Wie aus den qualitativen Daten hervorgeht, waren die Teilnehmer durch die Verwendung ihrer eigenen Laptops mutiger und eher bereit, neue Dinge am Computer auszuprobieren, und fühlten sich möglicherweise wohler dabei, anderen zu helfen.

Die Motivation der Teilnehmer, weitere Blended-Kurse zu belegen. Zwei weitere Themen, die sich aus den Daten ergaben, bezogen sich auf das Kursformat und die Motivation der Teilnehmer, in Zukunft weitere Blended-Kurse zu belegen.

Derzeit gibt es in der Literatur nur wenige Richtlinien für das effektivste Format für gemischte Kurse mit älteren Erwachsenen. Für diese Studie kam der Forscher zu dem Schluss, dass das beste Kursformat für ältere erwachsene Lernende fünf Präsenz- und drei Online-Kurse wären. Dieses Format schien bei den Lernenden erfolgreich zu sein, denn auf die Frage, ob ihnen das Kursformat gefiel, stimmten alle Teilnehmer der gemischten Gruppe zu, dass es schön war, sich im Klassenzimmer zu treffen, aber auch die Online-Kurse zu nutzen. Zwei Teilnehmer kommentierten dies:

ML: Ich denke, das Format mit fünf Präsenzkursen und drei Online-Kursen war eine gute Idee. Es hat gut funktioniert, weil wir nur jede zweite Stunde online waren. Ich denke, dass es ein gutes Format war.

FP: Es machte sehr viel Sinn. Es war gut.

Außerdem wurde die Motivation der Teilnehmer erörtert, in Zukunft weitere Blended-Kurse zu belegen. Einige der Teilnehmer äußerten sich wie folgt:

DS: Ja, das würde ich gerne. Die Kurse hier gefallen mir auch, ich habe viele nette Leute kennen gelernt. Es lief sehr gut. Ich mag beide (Formate).

FP: Ja. Wir haben herausgefunden, was wir wissen und was wir nicht wissen.

MC: Ja. Ich habe festgestellt, dass wir uns gegenseitig helfen konnten, wenn wir in den Unterricht kamen, du warst beschäftigt, wir haben uns gegenseitig geholfen, die andere Person hat gesagt, klick, es ist ok, wir haben uns besser gefühlt!

In der quantitativen Analyse untersuchten wir die Auswirkungen des gemischten Unterrichts auf die Bewertung der Motivation der Studierenden. Die Studierenden bewerteten, ob sie motiviert wären, in Zukunft weitere Blended-Kurse zu besuchen. Die Ergebnisse der Analyse zeigten, dass sechs der neun Teilnehmer in der Blended-Group angaben, dass ihnen das Blended-Format des Kurses gefiel und sie in Zukunft weitere Blended-Kurse belegen würden. Diese Ergebnisse stimmen mit den qualitativen Daten überein, die anhand der offenen Fragen in den Fragebögen erhoben wurden. Was die Ergebnisse des Fokusgruppeninterviews betrifft, so gaben die meisten Teilnehmer der gemischten Gruppe an, dass sie motiviert wären, in Zukunft weitere gemischte Kurse zu belegen.

Website zum Kurs

Die Kurs-Website wurde als Lernhilfe erstellt, die die Schüler zu Hause nachschlagen können. Die Website wurde in Google Sites erstellt und enthält Kopien der PowerPoint-Folien im PDF-Format für jeden der Computerkurse im Unterricht. Zu Beginn der Computerkurse schickte der Ausbilder den Teilnehmern den Link zur Website per E-Mail. Am Ende des ersten Computerkurses demonstrierte der Kursleiter, wie man auf den Link in der E-Mail zugreift, auf den Link klickt, um die Website aufzurufen, und wie man auf der Website navigiert. Den Schülern wurde auch gezeigt, wie sie die PDF-Dateien ausdrucken können, wenn sie dies wünschen. Die Website ermöglicht ein asynchrones Online-Lernen, da die Studierenden jederzeit auf die Website zugreifen können (Abbildung 6).

Interessant ist, dass nur zwei von siebzehn Studierenden (aus der gemischten Gruppe) angaben, die Website nicht zu nutzen. Ein Teilnehmer kommentierte, die Website sei "sehr informativ, um Informationen zu überprüfen". Auf die Frage in der Klasse, ob sie die Website nutzten, antworteten die Studierenden, dass sie sie nutzten und dass sie sehr hilfreich war.

Diskussion

Im Großen und Ganzen bestand der Zweck dieser Studie mit gemischten Methoden darin, die Auswirkungen der Lehrmethode auf die Quiz-Ergebnisse der Schüler und die Zufriedenheit der Schüler zu untersuchen. Nach Peterson (1990) sind die beiden Hauptbereiche der pädagogischen Gerontologie a) Unterrichtstechniken für ältere Lernende und b) Unterricht für Personen, die mit älteren Erwachsenen arbeiten. In dieser Studie wurden zwei Unterrichtstechniken (Präsenzunterricht und gemischter Unterricht) mit sozialen Netzwerken und Computerkenntnissen verglichen. Im Rahmen dieser Studie nahmen die Teilnehmer sowohl in der Blended- als auch in der Classroom-Gruppe an wöchentlichen Quizzes teil und füllten Fragebögen vor und nach dem Kurs aus.

Hypothese 1 sagte voraus, dass ältere Erwachsene in der Blended-Learning-Gruppe bei den Quizfragen besser abschneiden würden als in der traditionellen Gruppe mit Computertraining. Die Leistungsdaten zeigten, dass es keinen signifikanten Unterschied zwischen dem Blended Learning und dem Präsenzunterricht gab, basierend auf den Quiz-Ergebnissen. Allerdings zeigten die Ergebnisse, dass in der Blended-Learning-Gruppe der Anteil der richtigen gegenüber den falschen Antworten etwas höher war als in der Präsenzschulgruppe. Darüber hinaus zeigte die Analyse der Effektgröße *(d*= 0,19) einen kleinen Unterschied zwischen den Gruppen bei der Anzahl der richtigen und falschen Antworten. Die Ergebnisse zeigten, dass die Blended-Learning-Gruppe bei den Quizfragen etwas besser abschnitt als die Präsenzgruppe.

Diese Ergebnisse entsprachen nicht den Erwartungen, da die gemischte Gruppe das Kursmaterial auf ihren eigenen Laptops lernte. Dies würde darauf hindeuten, dass die Transferrate höher ist als bei den Teilnehmern, die das Kursmaterial an einem Computer im Zentrum lernten. Nach Lave & Wenger (1991; 1998) ist "Wissen grundsätzlich in Situationen verortet", daher ist der Transfer größer, wenn die Studierenden in ihrem eigenen Umfeld oder zu Hause lernen. In dieser Studie bearbeitete die Blended-Learning-Gruppe drei der acht Kurse an ihren Computern zu Hause. Wenn sie die Kurse im Zentrum besuchten, lernten sie außerdem an ihren eigenen Computern und mussten das, was sie an den Computern im Zentrum gelernt hatten, nicht auf ihre Computer zu Hause übertragen.

Es könnte also sein, dass andere Faktoren, wie z. B. der Schwierigkeitsgrad der Quizfragen, ein Problem darstellten. Vielleicht waren die Multiple-Choice-Fragen in den

Quizfragen zu einfach, da beide Gruppen bei den Quizfragen hohe Punktzahlen erreichten. Da die Quizfragen für eine Gruppe älterer Erwachsener (60+) konzipiert waren, wollte der Forscher nicht, dass die Quizfragen zu schwierig sind. Wären die Quizze zu schwierig gewesen, hätten sich die Teilnehmer entscheiden können, die Quizze nicht zu bearbeiten. Die älteren Erwachsenen waren nicht verpflichtet, an den Computerkursen teilzunehmen oder die Quizfragen zu beantworten; sie taten dies einfach als Freizeitbeschäftigung.

Die Teilnehmer beider Gruppen bewerteten auch ihren Kenntnisstand über die Anwendungen vor und nach den Computerkursen. Das Ergebnis zeigte einen statistisch signifikanten Haupteffekt des Unterrichtstyps (Blended, Classroom) und der Zeit (vor und nach den Kursen). Die beiden Gruppen unterschieden sich jedoch von Anfang an, wobei die Blended-Group ihre Computerkenntnisse selbst als besser einschätzte als die Classroom-Group. Da die beiden Gruppen von Anfang an nicht gleich waren, ist es schwierig festzustellen, ob die Blended-Group tatsächlich mehr gelernt hat als die Classroom-Group. Die Ergebnisse zeigen jedoch, dass alle Schülerinnen und Schüler im Fragebogen nach dem Kurs angaben, dass sie mehr über die Anwendungen wussten als im Fragebogen vor dem Kurs.

Im Allgemeinen würde man erwarten, dass die Studierenden nach der Teilnahme an den Kursen oder vor dem Kurs mehr über ein Thema wissen, das sie lernen. Die Tatsache, dass die Computerkurse für ältere Erwachsene im Alter von 60+ und zwei ältere Erwachsene im Alter von 80+ angeboten wurden und dass die meisten Teilnehmer wenig Erfahrung mit sozialen Medien wie Skype hatten, macht die Ergebnisse jedoch sehr interessant. Diese Personengruppe wird als "digitale Immigranten" bezeichnet, da sie nicht in die digitale Welt hineingeboren wurden, wie die "Digital Natives" von heute. Um sich an die heutige Umgebung anzupassen, müssen die digitalen Immigranten eine neue Art der Kommunikation und des Funktionierens in der Welt lernen (Prensky, 2001). Dies kann für die meisten schwierig sein, insbesondere für ältere Erwachsene dieser Altersgruppe, die zwar fasziniert sind, aber Angst vor Computern haben. Die Tatsache, dass sie (durch Selbsteinschätzungen und Kommentare auf dem Fragebogen) angaben, dass sie nach den Kursen über bessere Kenntnisse und Fähigkeiten im Umgang mit den Anwendungen verfügten, und zwar unabhängig von der Art der Unterweisung, deutet darauf hin, dass beide Arten der Unterweisung erfolgreich eingesetzt werden können, um älteren Erwachsenen soziale Medien und Computerkenntnisse zu vermitteln.

Hypothese 2 sagte voraus, dass ältere Erwachsene mit den Blended-Kursen zufriedener sein würden als mit den traditionellen Präsenzkursen. Die Ergebnisse der Analyse der Teilnehmerzufriedenheit zeigten keinen signifikanten Unterschied zwischen den Gruppen der

Blended Learning-Kurse und der Präsenzkurse in Bezug auf die Zufriedenheit, jedoch zeigten die Ergebnisse, dass die Teilnehmer mit den Computerkursen zufrieden waren, unabhängig von der Unterrichtsform.

Für diese Studie nahm die gemischte Gruppe an fünf Präsenzkursen und drei Online-Kursen teil. Die Online-Kurse wurden jeweils zu Hause durchgeführt. Einer der Vorteile des Online-Lernens besteht darin, dass die Studierenden die Kurse belegen können, wo und wann es ihnen passt. Für diese Studie wurden die Online-Kurse jedoch synchron durchgeführt, d. h. der Dozent und die Teilnehmer trafen sich an einem bestimmten Tag und zu einer bestimmten Uhrzeit online. Möglicherweise waren die Teilnehmer der gemischten Gruppe nicht zufriedener als sie es waren, weil sie nicht alle Vorteile des Online-Lernens nutzen konnten, z. B. die Möglichkeit, die Kurse nach eigenem Gutdünken zu belegen.

Außerdem schließen sich ältere Erwachsene im Ruhestand in der Regel Gruppen oder Vereinen an, da sie die sozialen Kontakte genießen, die bei diesen Ausflügen entstehen. Die Online-Kurse wurden von zu Hause aus durchgeführt, so dass sie es möglicherweise verpasst haben, das Zentrum aufzusuchen und sich mit den anderen Teilnehmern zu treffen. Beispielsweise waren die meisten Teilnehmer mindestens eine Stunde vor Kursbeginn im Zentrum, um sich mit den anderen Mitgliedern zu treffen. Diese Faktoren könnten daher die Zufriedenheit der gemischten Gruppe mit den Kursen beeinflusst haben.

Da es sich um eine Studie mit gemischten Methoden handelte, wurde auch eine qualitative Datenanalyse durchgeführt. Qualitative Daten wurden durch offene Fragen in den Fragebögen und durch ein Fokusgruppen-Interview erhoben. Aus dem Interview mit der Fokusgruppe ergaben sich drei Hauptthemen. Die Themen waren (a) die Zufriedenheit/Unzufriedenheit der Teilnehmer mit der Blended-Learning-Umgebung im Gegensatz zum reinen Präsenzunterricht, (b) das situierte Lernen: die Erfahrungen der Teilnehmer beim Lernen in der Blended-Umgebung und (c) die Motivation der Teilnehmer, in Zukunft weitere Blended-Kurse zu belegen.

Was die Zufriedenheit bzw. Unzufriedenheit der Studierenden mit der gemischten Lernumgebung betrifft, so gaben die Studierenden an, dass sie mit den Einschränkungen, die mit dem Lernen in einer Online-Umgebung verbunden sind, unzufrieden sind, z. B. mit den Schwierigkeiten, die sozialen Signale des Dozenten zu erkennen. Darüber hinaus empfanden einige Teilnehmer es im Vergleich zur Präsenzveranstaltung als schwierig, sich in der Online-Umgebung an einer offenen Diskussion zu beteiligen. Diese Ergebnisse spiegeln die Ergebnisse der quantitativen Datenanalyse wider, bei der die Studierenden angaben, dass sie mit den gemischten Kursen zufrieden waren, jedoch nicht in höherem Maße als die Studierenden in der reinen Präsenzgruppe. Lakin et al. (2008) fanden heraus, dass ältere Erwachsene traditionelle Präsenzkurse gegenüber dem Online-Unterricht bevorzugten. Als Gründe für ihre Präferenz wurden schlechte Computerkenntnisse und der Verlust von persönlichen Kontakten genannt. In dieser Studie verfügten die älteren Erwachsenen über mittlere Computerkenntnisse und hatten vor der Teilnahme an den Online-Kursen einen Kurs zur Verwendung von Adobe Connect im Klassenzimmer. Daher hatten sie wenig Schwierigkeiten mit der für die Teilnahme an Online-Kursen erforderlichen Technologie. Da diese Altersgruppe jedoch daran gewöhnt ist, Kurse in einem traditionellen Klassenzimmer zu besuchen, zogen einige der Teilnehmer dieses der Online-Umgebung vor.

In Bezug auf die Erfahrungen der Teilnehmer mit dem Lernen in der gemischten Umgebung gaben die Teilnehmer an, dass sie voneinander lernten, dass sie sich gegenseitig halfen und stolz waren, wenn sie jemandem helfen konnten. Dadurch fühlten sie sich mutiger und waren eher bereit, neue Dinge am Computer auszuprobieren. Dies zeigte sich jedoch eher im Klassenzimmer als in der Online-Umgebung. Nach Hansman et al. (2001; 1993) ist die Sozialisierung wichtig, da ältere Erwachsene Computerkenntnisse nicht ohne weiteres allein erlernen können; sie müssen mit anderen Lernenden, dem Ausbilder und den Lernmitteln interagieren. In der Online-Umgebung fanden die Teilnehmer den Aspekt des sozialen Lernens schwierig. In der Online-Umgebung konnten sie sich zwar sehen, aber nicht hören, und sie konnten den Ausbilder sehen und hören, da ihre Webcams eingeschaltet waren, aber ihre Mikrofone waren deaktiviert. Daher kommunizierten die Teilnehmer über den Chat. Da diese ältere Zielgruppe nicht an diese Art der Kommunikation gewöhnt ist, fiel es einigen schwer. Der Kursleiter musste sie ermutigen, den Chat zu benutzen, da sie dazu neigten, körperliche Gesten wie Kopfschütteln mit Ja oder Nein auszuführen, anstatt in den Chat zu tippen.

Das letzte Thema, das sich aus dem Datensatz ergab, war die Motivation der Teilnehmer, in Zukunft weitere Blended-Kurse zu belegen. Obwohl die einzige Erfahrung der Teilnehmer mit Blended-Kursen die Kurse waren, die im Rahmen dieser Studie belegt wurden, gaben die meisten Teilnehmer (sechs von neun) an, dass ihnen das Blended-Format gefallen hat und sie in Zukunft weitere Blended-Kurse belegen würden. Dies ist ermutigend, da gemischter Unterricht für ältere erwachsene Lernende von Vorteil sein kann, da er die besten Aspekte des Lernens im Klassenzimmer mit den besten Aspekten des Online-Lernens verbindet.

In einer Reihe von Metaanalysen zum Online- und Blended Learning im Vergleich zum Präsenzunterricht wurden zahlreiche Studien (Bernard et al., 2004, Bernard, 2010, Schmid et al.,

2009, Sitzman et al., 2006 und Cook et al., 2008) zusammengefasst, die in verschiedenen Kontexten durchgeführt wurden, um die vergleichende Lerneffektivität dieser beiden Formen abzuschätzen. Diese Studien zeigten ein bemerkenswertes Maß an Konsistenz, so dass die allgemeine Schlussfolgerung gezogen werden kann, dass Online-Unterricht den Lernenden im Vergleich zum Präsenzunterricht Vorteile bringt, wenn auch nur bescheidene. Der gemischte Unterricht kann jedoch das Beste aus Online- und Präsenzunterricht vereinen und ist es daher möglicherweise wert, Ressourcen, Zeit und Geld zu investieren, um eine effektivere Form des Unterrichts zu erreichen, die wirksamer ist als Präsenz- oder Onlineunterricht allein.

Theorie des Lernens Erwachsener

Nach Knowles (1980) müssen sich erwachsene Lernende aktiv in ihr Lernen einbringen, und die Kursmaterialien müssen sinnvoll und für ihr persönliches Leben relevant sein. Die Ergebnisse dieser Studie zeigen, dass die Mehrheit der Teilnehmer in beiden Gruppen das Gefühl hatte, sich aktiv am Lernen zu beteiligen. Darüber hinaus bewerteten sie das Kursmaterial als sinnvoll und relevant für ihr Leben. Den Selbsteinschätzungen und Kommentaren der Schüler zufolge haben sich ihr Wissen, ihr Interesse an den Anwendungen und ihre Computerkenntnisse durch die Teilnahme an den Computerkursen verbessert, unabhängig davon, in welcher Gruppe sie waren.

John (1988) stellte fest, dass erwachsene Lernende selbstbestimmt sind, über verschiedene Lebenserfahrungen verfügen, die dem Lernen förderlich sind, und ein Interesse an Programmen haben, die ihr Wissen und ihre Fähigkeiten verbessern, vor allem, wenn sie mit Themen verbunden sind, die für ihr persönliches Leben relevant sind. In ähnlicher Weise dürften auch die älteren Erwachsenen in dieser Studie selbstgesteuert gewesen sein, da sie alle im Ruhestand waren und die Computerkurse nicht aus beruflichen Gründen absolvieren mussten. Die älteren Erwachsenen gaben im Fragebogen vor dem Kurs an, dass sie aus persönlichen Gründen daran interessiert waren, soziale Netzwerke und Computerkenntnisse zu erwerben, z. B. um mit ihren Kindern und Enkelkindern, die in anderen Teilen der Welt leben, in Kontakt zu bleiben. Auf die offene Frage "Warum haben Sie sich für die Computerkurse angemeldet?" antworteten die meisten Teilnehmer: "Es ist wichtig, die neue Technologie für die Kommunikation zu kennen" und "mehr Computerkenntnisse zu erwerben". Interessanterweise gab eine Teilnehmerin an, dass sie die Computerkurse als "Wissen für die Zukunft" belegte.

Fragen zur Nachbereitung des Kurses speziell für die Blended Learning-Gruppe

In dieser Studie erhielt die gemischte Gruppe zusätzliche Fragen in den Fragebögen nach dem Kurs. Der Forscher war daran interessiert, ob die Teilnehmer Schwierigkeiten bei der Nutzung der für den Kurs erforderlichen Technologie hatten, in diesem Fall Adobe Connect, und ob sie sich bei der Teilnahme an den drei Online-Kursen im Vergleich zu den fünf Präsenzkursen isoliert, engagiert oder ängstlich fühlten. Die Ergebnisse der Fragebögen zeigten, dass die Teilnehmer im Allgemeinen wenig Probleme mit der Technologie in den Kursen hatten und sich nicht ängstlich oder isoliert fühlten.

Einige der Kommentare der Teilnehmer waren, dass sie sich "engagiert fühlten, weil ich in der Lage war, die Informationen des Professors zu verstehen und die Funktionen auszuführen", "Wenn ich andere mit weniger oder mehr Wissen habe, kann ich von ihren Fragen und den Antworten des Kursleiters profitieren" und "Die Bedienung des Bildschirms macht mich nervös, bis ich mich an die Seite gewöhnt habe. Dieser Kurs ermutigt mich, etwas mutiger zu sein, und erlaubt mir, Fragen außerhalb des Bildschirms zu stellen".

Sowohl die quantitativen als auch die qualitativen Daten zeigten, dass sich die meisten Teilnehmer in den Kursen engagiert fühlten, und mehr als die Hälfte gab an, dass sie in Zukunft nicht nur weitere Online-Kurse besuchen würden, sondern diese sogar den Präsenzkursen vorziehen würden. Es ist jedoch wichtig zu erwähnen, dass die Teilnehmer eine zusätzliche Schulung in Adobe Connect erhalten haben und die Online-Kurse synchron waren, so dass der Dozent anwesend und verfügbar war, um die Teilnehmer in der Online-Umgebung zu unterstützen. Folglich sind die Ergebnisse dieser Studie möglicherweise nicht auf Kurse übertragbar, die asynchron durchgeführt werden oder bei denen die Lernenden über eine eigenständige webbasierte Lernumgebung mit den Inhalten interagieren.

Blended Course Design

Derzeit gibt es in der Literatur nur wenige Richtlinien für das effektivste Format für gemischte Kurse mit älteren Erwachsenen. Laut Gutierrez (2006) mischen einige Kurse die beiden Unterrichtsformen gleichmäßig, während andere mehr Online-Strategien verwenden und nur selten auf persönlichen Kontakt zurückgreifen. In dieser Studie nahm die gemischte Gruppe an fünf Präsenzkursen und drei Online-Kursen teil. Die Forscherin entschied sich für diese

Mischung, um die älteren erwachsenen Lernenden nicht zu überfordern. In Anbetracht der positiven Bewertungen und Kommentare der gemischten Gruppe könnte diese Mischung ideal für ältere Erwachsene sein, da sie den sozialen Kontakt in den Präsenzkursen genießen, aber auch etwas Neues und Aufregendes in den Online-Kursen ausprobieren konnten. Dies spiegelt sich auch in den Ergebnissen des Fragebogens nach dem Kurs wider, da mehr als die Hälfte der Teilnehmer in der gemischten Gruppe angaben, dass sich die Online- und die Präsenzkurse gegenseitig ergänzten.

Analyse mit gemischten Methoden

Bei einem konvergenten Mixed-Methods-Design vergleicht der Forscher sowohl die quantitativen als auch die qualitativen Daten, um festzustellen, ob sie ähnliche Ergebnisse liefern (Creswell, 2012). Bei dieser Art von Design bieten die quantitativen Daten einen allgemeinen Überblick über das Phänomen, während die qualitativen Daten Informationen über den Kontext und das Umfeld liefern. Für die Ergebnisse dieser Studie zeigte ein Vergleich der quantitativen und qualitativen Daten, dass die beiden Arten der erhobenen Daten ähnliche Ergebnisse erbrachten. Die Bewertungen der Teilnehmer (stimme voll und ganz zu, stimme zu, stimme nicht zu, stimme überhaupt nicht zu) und die Kommentare zu den Fragen in den gemischten Fragebögen und den Fragebögen für den Unterricht waren sehr ähnlich, wobei die Kommentare den Kontext und ein tieferes Verständnis der Erfahrungen der Teilnehmer lieferten.

Beschränkungen

Obwohl diese Studie einen gewissen Aufschluss über die Zufriedenheit älterer Erwachsener mit dem gemischten Unterricht (Präsenz-/Onlineunterricht) im Vergleich zum Präsenzunterricht gibt, müssen bestimmte methodische Einschränkungen beachtet werden.

Eine der Einschränkungen dieser Studie ist die geringe Stichprobengröße. Eine kleine Stichprobe ist weniger aussagekräftig, um Unterschiede oder Beziehungen festzustellen. Die geringe Stichprobengröße ermöglichte jedoch eine eingehendere Analyse der Erfahrungen der Teilnehmer in den beiden Gruppen von Computerkursen.

Es gab auch Einschränkungen bei der Software, die für die Durchführung der Quiz verwendet wurde, Survey Monkey. Diese Software erlaubt nicht die Erfassung individueller Quiz-Ergebnisse. Daher wurden alle Quizze in Survey Monkey anonym durchgeführt und die individuellen Ergebnisse der Teilnehmer in den Quizzen wurden nicht angegeben.

Außerdem war diese Studie als Quasi-Experiment angelegt. Dieses Design kann deutlich mehr Gefahren für die interne Validität mit sich bringen als ein echtes Experiment (Creswell, 2012). Eine Gefahr für die interne Validität könnte die Auswahl sein, da die Teilnehmer der gemischten Gruppe möglicherweise über fortgeschrittenere Computerkenntnisse verfügten als die Teilnehmer der Unterrichtsgruppe, was das Ergebnis der Studie beeinflusst hätte. Andere Gefahren für die interne Validität könnten die Zufallsstichprobe und die nicht zufällige Zuweisung sein, da der Forscher Zugang zu den Teilnehmern hatte, weil sie verfügbar und bereit waren, die Kurse zu besuchen (Campbell & Stanley, 1963). Eine weitere Gefahr könnte schließlich die Mortalität sein, da ein Teilnehmer, der sich für die Computerkurse angemeldet hatte, die Kurse als zu fortgeschritten empfand und sie nach dem ersten Kurs abbrach.

Eine weitere Einschränkung der Studie könnte die unterschiedliche Dauer der beiden Computerkurse sein. Für diese Studie wurden zwei Sitzungen von Computerkursen durchgeführt. Die Dauer der ersten Sitzung betrug acht Wochen, die Dauer der zweiten Sitzung vier Wochen. Daher wurden die Kurse in der zweiten Sitzung zweimal pro Woche durchgeführt, im Gegensatz zu einmal pro Woche in der ersten Sitzung. Die kürzere Dauer des zweiten Kurses könnte eine Einschränkung darstellen, da die Teilnehmer weniger Zeit zwischen den Kursen hatten und das Kursmaterial in einem schnelleren Tempo lernen mussten als die Teilnehmer des ersten Kurses. Dies könnte sich auf die Quiz-Ergebnisse und die Bewertung der Kurse in den Fragebögen nach dem Kurs ausgewirkt haben.

Eine weitere Einschränkung besteht darin, dass die Ergebnisse dieser Studie nur auf die beiden Sitzungen der Computerkurse, die für diese Studie unterrichtet wurden, zurückgeführt werden können, und nicht auf alle Computerkurse im Allgemeinen. Auch wenn die meisten Teilnehmer der gemischten Gruppe angaben, dass sie motiviert wären, in Zukunft weitere gemischte Kurse zu besuchen, können sie ihre Erfahrungen nur auf die gemischten Kurse für diese Studie stützen.

Künftige Forschung

Einige Vorschläge für zukünftige Forschungen wären, eine größere Stichprobe zu erhalten, vorzugsweise mit Teilnehmern, die zu Beginn der Kurse ähnliche Computerkenntnisse hatten. Dies würde sicherstellen, dass, wenn eine der beiden Gruppen (Präsenzkurse, gemischte Kurse) nach den Kursen einen Anstieg der Kenntnisse und Fähigkeiten zeigt, dies höchstwahrscheinlich auf die Kenntnisse zurückzuführen ist, die sie in den Kursen erworben haben, und nicht darauf, dass sie von Anfang an anders waren.

Außerdem gab es einige Probleme mit den älteren Erwachsenen beim Ausfüllen der Online-Tests in Survey Monkey, z. B. riefen einige Teilnehmer ihre E-Mail nicht häufig ab, so dass sie den Link zum Ausfüllen der Tests nicht erhielten. Daher musste der Kursleiter sie immer wieder daran erinnern, die Quizfragen auszufüllen. Eine effizientere Methode wäre es gewesen, die Teilnehmer zu bitten, eine Papier- und Bleistiftversion des Quiz auszufüllen. Der Forscher hätte dann die individuellen Bewertungen der Teilnehmer zu den Quizfragen erhalten, was für die Analyse der Quizdaten besser geeignet gewesen wäre.

Ein weiterer Vorschlag für zukünftige Untersuchungen wäre die Durchführung einer Item-Analyse der Quizfragen. Die Ergebnisse dieser Studie zeigen, dass es keinen signifikanten Unterschied zwischen den beiden Gruppen bei den Quiz-Ergebnissen gibt. Dies könnte darauf zurückzuführen sein, dass die Multiple-Choice-Fragen in den Tests zu einfach waren. Durch eine Item-Analyse des Instruments könnte festgestellt werden, ob die Fragen ausreichend ablenkend waren und ob zusätzliche Ablenker verwendet werden sollten. Eine Item-Analyse der Quizfragen wurde für diese Studie nicht durchgeführt; sollten die Quizfragen jedoch für eine größere Studie wiederverwendet werden, wäre es von Vorteil, diese Analyse durchzuführen.

Außerdem hatten die Teilnehmer Zugang zur Kurs-Website, die sie als Lernhilfe nutzen konnten. Die Website enthielt die PowerPoint-Folien aller Kurse im PDF-Format. Dies ermöglichte ein asynchrones Online-Lernen des Kursmaterials, da die Teilnehmer jederzeit auf die Website zugreifen konnten. Der Fragebogen nach dem Kurs enthielt nur zwei Fragen, die sich auf die Kurswebsite bezogen, nämlich ob die Teilnehmer die Website nutzten und ob sie sie als hilfreich empfanden. Bis auf zwei Teilnehmer gaben alle an, dass sie die Website nutzten und dass sie sie tatsächlich als nützlich empfanden. Darüber hinaus druckte ein Teilnehmer der Blended-Learning-Gruppe alle PowerPoint-Folien aus und brachte sie zum Unterricht mit, um sie für seine Notizen zu verwenden.

Dieses zusätzliche Element wurde in dieser Studie nicht vollständig untersucht. Zukünftige Forschungen könnten untersuchen, wie die Website den Teilnehmern beim Erlernen des Kursmaterials half, wie oft sie die Website nutzten und ob die Website einen Einfluss auf die Ergebnisse hatte. Es könnte auch untersucht werden, ob den Teilnehmern das Online-Format der Website gefiel oder ob sie ein anderes Format für die Lernhilfe bevorzugt hätten, z. B. schriftliche Handouts.

Zukünftige Forschungen zu diesem Thema sind wichtig, da die Zahl der älteren erwachsenen Lernenden oder lebenslang Lernenden zunimmt, insbesondere beim Online-Lernen, da sie immer besser mit der Technologie umgehen können. Darüber hinaus bietet die Vermittlung von Computerkenntnissen an ältere Erwachsene viele Vorteile. Eine kürzlich durchgeführte Studie ergab, dass ältere Erwachsene, die das Internet häufig nutzen, sich zugehörig fühlen und um bis zu 28 % seltener an Depressionen erkranken. Dies spiegelte sich in einem der Kommentare der Teilnehmer wider, die erklärten: "Das Lernen mit der Technologie ist eine Herausforderung, aber wenn ich sie einmal beherrsche, fühle ich mich nicht mehr von den anderen Nutzern getrennt". Mit anderen Worten: Es ist wichtig für ältere Erwachsene, die neuen Technologien zu erlernen, um in der heutigen Gesellschaft Anschluss zu finden. Daher sind künftige Forschungsarbeiten zur Ermittlung wirksamer Lehrstrategien für das Erlernen von sozialen Netzwerken und Computerkenntnissen durch ältere Erwachsene sehr wichtig.

Schlussfolgerung

Die Forschung zeigt, dass bei der Vermittlung von Computerkenntnissen an ältere Erwachsene eine Vielzahl von Lehrmethoden empfehlenswert ist. Der gemischte Unterricht, bei dem synchrones Online-Lernen mit Unterricht im Klassenzimmer kombiniert wird, kann eine ideale Unterrichtsmethode für ältere Erwachsene sein. Darüber hinaus können die Probleme und die Unerfahrenheit, die sie im Umgang mit der Technologie haben, mit zusätzlicher Unterstützung und technischer Hilfe angegangen und erfolgreich gelöst werden.

Darüber hinaus zeigten die Ergebnisse dieser Studie (anhand der Quiz-Ergebnisse und Zufriedenheitsbewertungen der Schüler), dass beide Unterrichtsformen, d. h. der gemischte Unterricht (synchroner Online- und Präsenzunterricht) und der traditionelle Präsenzunterricht, gleichermaßen effektiv für die Vermittlung von Kenntnissen über soziale Netzwerke und Computer an ältere Erwachsene sind.

Referenzen

Baack, S. A., Brown, T. S., & Brown, J. T. (1991). Einstellungen zu Computern: Ansichten älterer Erwachsener im Vergleich zu denen junger Erwachsener. *Journal of Research on Computing in Education, 23,* 422-433.

Baldi, R. (1997). Schulung älterer Erwachsener für die Nutzung des Computers: Fragen im Zusammenhang mit dem Arbeitsplatz, der Einstellung und der Ausbildung. *Educational Gerontology, 23*(5), 453-465.

Battersby, D., & Glendenning, F. (1992). Die Wiederherstellung der Bildung für ältere Erwachsene: Eine Ausarbeitung der Erklärung der ersten Prinzipien. *Australian Journal of Adult and Community Education, 32,* 115-121.

Bernard, R.M. (2010). *Der Stand der Forschung im Bereich Online- und Blended Learning und wie wir (kurz- und langfristig) vorankommen können.* Eingeladener Vortrag auf der 16. jährlichen Sloan-C International Conference on Online Learning, Orlando, FL.

Bernard, R.M., Abrami, P.C., Borokhovski, E., Wade, A., Tamim, R.A., Surkes, M.A., & Bethel, E.C. (2009). Eine Meta-Analyse von drei Arten von Interaktionsbehandlungen im Fernunterricht. *Review of Educational Research. 79 (3),* 1243-1289.

Bernard, R. M., Abrami, P. C., Lou, Y., Borokhovski, E., Wade, A., Wozney, L., Wallet, P. A., Fiset, M., & Huang, B. (2004). Wie schneidet der Fernunterricht im Vergleich zum Präsenzunterricht ab? Eine Meta-Analyse der empirischen Literatur. *Review of Educational Research, 74*(3), 379-439.

Blended Course Student Survey | Blended Learning Toolkit, erstellt von der University of Central Florida und der American Association of State Colleges and Universities. Abgerufen von: http://blended.online.ucf.edu/evaluation-resources/survey-instruments/

Braun, M.T. (2013). Hindernisse für die Nutzung von Social-Networking-Websites unter älteren Erwachsenen. *Computers in Human Behavior. 29,* 673-680.

Brubaker, T. H., & Roberto, K. A. (1993). Familienerziehung in späteren Lebensjahren. *Family Relations, 42,* 212-221.

Campbell, D.T. & Stanley, J.C. (1963). Experimentelle und quasi-experimentelle Designs für die Forschung. Chicago, IL: Rand-McNally.

Chaffin, A.J., & Harlow, S.D. (2005). Kognitives Lernen, angewandt auf ältere Erwachsene und Technologie. *Educational Gerontology, 31*(4), 301-329.

Charness, N., Czaja, S., & Sharit, J. (2007). Alter und Technologie für die Arbeit. In K.S. Shultz & G.A. Adams (Eds.) *Aging and Work in the 21st Century* (pp. 225-249). Mahwah, NJ: Lawrence Erlbaum Associates.

Umfrage zum Engagement von Schülern im Klassenzimmer (CLASSE). Eine Anpassung der National Survey of Student Engagement (NSSE) mit Genehmigung der Indiana University. Abgerufen von: http://assessment.ua.edu/CLASSE/Documents/CLASSE_Student.pdf

Cook, D.A., Levinson, A.J., Garside, S., Dupras, et al. (2008). Internetbasiertes Lernen in den Gesundheitsberufen: A meta-analysis. Journal of the American Medical Association, 300(10), 1181-1196. doi: 10.100/jama.300.10.1181.

Cook, K., Owston, R. D., & Garrison, R. D. (2004). *Blended Learning Praktiken an COHERE Universitäten.* (Technischer Bericht Nr. 2004-5 des Instituts für Forschung über Lerntechnologien). Toronto, ON: Universität York.

Creswell, J. W. (2012). *Educational Research: Planning, conducting, and evaluating quantitative and qualitative research,* 4th edition. Columbus, OH: Merrill Prentice-Hall.

Cronbach, L. J. (1951). "Koeffizient Alpha und die interne Struktur von Tests". *Psychometrika 16* (3): 297-334.

Entwicklung von Checklisten und Bewertungsskalen. Britisch-Kolumbianisches Institut für Technologie. Abgerufen von: https://helpdesk.bcit.ca/fsr/teach/teaching/ja_developchecklists.pdf

Driscoll, M. P. (2005). *Psychology of Learning for Instruction.* Pearson Education, Inc., Vereinigte Staaten von Amerika.

Dyck, J. L., & Smither, J. A. (1996). Der Erwerb von Textverarbeitung durch ältere Erwachsene: Der Beitrag von kognitiven Fähigkeiten und Computerangst. *Computer in Human Behavior, 12,* 107-119

Erickson, A.S., Noonan P.M. (2010). Erwachsene im späten Berufsleben in der Online-Ausbildung: Eine lohnende Erfahrung für Personen im Alter von 50 bis 65 Jahren. *MERLOT Journal of Online Learning and Teaching, 6*(2), 388-397.

Filipczak, B. (1998).Alte Hunde, neue Tricks. *Training, 35*(5), 57-58.

Garrison, D. R., & Vaughan, N. D. (2008). *Blended Learning in der Hochschulbildung: Framework, principles, and guidelines* (Anhänge 5 und 6). Jossey-Bass: San Francisco.

Githens, R.P. (2007). Ältere Erwachsene und E-Learning, Chancen und Hindernisse. *The Quarterly Review of Distance Education 8*(4), 329-338.

Girton, K. M. (1995). Bildung als Ausdruck: Eine natürliche Erweiterung zu einer Theorie der Geragogik. *Gerontology & Geriatrics Education, 16,* 53-69.

Glaser, B.G. & Strauss, A. (1967). *Die Entdeckung der geerdeten Theorie.* Chicago: Aldine.

Gutierrez, F. M. (2006). Bewährte Praktiken von Lehrkräften beim Einsatz von Blended Learning im ELearning und im Präsenzunterricht. Internationale Zeitschrift für ELearning, 5(3), 313-337.

Halverson, L.R., Graham, C.R., Spring, K.J. & Drysdale, J.S. (2012). Eine Analyse von hochwirksamen wissenschaftlichen Arbeiten und Publikationstrends im Bereich Blended Learning. *Distance Education, 33(3),* 381-413.

Hansman, C. A. (2001). Kontextbasiertes Lernen von Erwachsenen. In S. B. Merriam (Ed.*), The new update on adult learning theory* (pp. 43-51). San Francisco: Jossey-Bass.

Hiemstra, R. (1980). *Preparing human service practitioners to teach older adults.* Columbus, OH: National Center for Research in Vocational Education.(ERIC Document Reproduction Service No. ED 193 529).

Knowles, M. (1980). Die moderne Praxis der Erwachsenenbildung: Von der Pädagogik zur Andragogik. Wilton, Connecticut: Association Press.

John, M. T. (1988). *Geragogik: A theory for teaching the elderly.* New York: Haworth.

Jones, B. D. & Bayen, U. J. (1998). Älteren Menschen den Umgang mit dem Computer beibringen: Empfehlungen auf der Grundlage der Forschung zum kognitiven Altern. *Educational Gerontology, 24(7),* 675-689.

Kim, Y.S. (2008): Reviewing and Critiquing Computer Learning and Usage Among Older Adults, *Educational Gerontology,* 34(8), 709-735

Kirkpatrick, D.L. (1998). *Evaluating Training Programs,* Second Edition, San Francisco, CA: Berrett-Koehler.

Lakin, M.B., Mullane, L., Robinson, S.P. (2008). *Neue Wege einschlagen: Hochschulbildung für ältere Erwachsene.* Washington DC: Amerikanischer Rat für Bildung.

Lave, J. & Wenger, E. (1991). *Situiertes Lernen: Legitimierte periphere Beteiligung.* New York: Cambridge University Press.

Mayhorn, C. B., Sronge, A. J., McLaughlin, A. C., & Rogers, W. A. (2004). Ältere Erwachsene, Computertraining und der Systemansatz: Eine Formel für den Erfolg. *Educational Gerontology, 30,* 185-203.

Melton, B., Graf, H., & Chopak-Foss, J. (2009). Lernerfolg und Zufriedenheit bei Blended Learning im Vergleich zu traditionellen allgemeinen Gesundheitskursen. *International Journal for the Scholarship of Teaching and Learning, 3*(1), 1-13.

Merriam, S.B. (2009). *Qualitative Forschung: A guide to design and implementation.* San Francisco: Jossey-Bass.

Microsoft Word 2007 Prüfung. ProProfs Quiz Maker. Abgerufen von: www.proprofs.com/quiz-school/story.php?title=microsoft-word-2007- exam

Moody, H. R. (1985). Philosophie der Bildung für ältere Erwachsene. In D. B. Lumsden (Ed.), *The older adult as learner: Aspects of educational gerontology* (S. 25- 49). Washington, DC: Hemisphere.

Morris, J.M. (1994). Computerschulungsbedürfnisse von älteren Erwachsenen. *Educational Gerontology*, 20, 541-555.

Morris, M.L. & Ballard, S.M. (2003). Unterrichtstechniken und Umweltaspekte in der Familienerziehung für Erwachsene im mittleren und höheren Lebensalter. *Familienbeziehungen, 52,* 167-173.

Osguthorpe, R.T. & Graham C.R. (2003). Blended Learning Umgebungen: Definitionen und Richtungen. *The Quarterly Review of Distance Education, 4*(3), 227-233.

Owston, R. (2012). Evaluierung von Blended-Learning-Kursen an der Fakultät für Geistes- und Berufswissenschaften und an der Fakultät für Gesundheit - Wintersession 2012. Institut für Forschung über Lerntechnologien. Abgerufen von: http://irlt.yorku.ca/reports/TechReport2012-3.pdf

Peterson, D.A. (1990). Geschichte der Bildung älterer Lernender. In R.H. Sherron & D.B. Lumsden (Eds J, *Introduction to educational gerontology* (pp.1-21). Washington, DC: Hemisphere.

Prensky, M. (2001). Digitale Einheimische, digitale Einwanderer. *On the Horizon, 9(5),* 1-6.

Rovai, A.P. & Jordan, H.M. (2004). Blended Learning und das Gefühl der Gemeinschaft: Eine vergleichende Analyse mit traditionellen und vollständig online durchgeführten Graduiertenkursen. *The International Review of Research in Open and Distance Learning, 5*(2),1492-3831.

Schmid, R.F., Bernard, R.M., Borokhovski, E., Tamim, R., Abrami, P.C., Wade, A. et al. (2009). Der Einfluss von Technologie auf die Leistung in der Hochschulbildung: Eine Meta-Analyse von Anwendungen im Klassenzimmer, Phase I. *Journal of Computing in Higher Education. 21,* 95-109. doi:10.1007/s12528-009- 9021-8.

Sitzmann T., Kraiger, K., Stewart, D. & Wisher R. (2006). Die vergleichende Wirksamkeit von webbasiertem Unterricht und Unterricht im Klassenzimmer: A meta-analysis. *Personalpsychologie, 59*(3), 623-664.

Theorie des sozialen Lernens.(1996). Abgerufen von: http://condor.admin.ccny.cuny.edu/~hhartman/Overview of Bandura's Theory.htm

Swindell, R. (2002). U3A online: Eine virtuelle Universität des dritten Lebensalters für isolierte Menschen. *International Journal of Lifelong Education, 21*(5), 414429.

Das Zentrum für das Studium von Lernen und Leistung, Concordia University. PedTech-Studentenumfrage. Abrufbar unter: http://doe.concordia.ca/cslp/cslp cms/Instrumente

Urdan, T.C. (2010). *Statistik in einfachem Englisch.* New York: Routledge, Taylor and Francis Group.

U.S. Department of Education, Office of Planning, Evaluation and Policy Development (2009). *Bewertung evidenzbasierter Praktiken beim Online-Lernen: Eine Meta-Analyse und Überprüfung von Online-Lernstudien*, Washington, D.C.

Van Fleet, C. & Antell, K. E. (2002). Cybersenioren schaffen: Das Lernen älterer Menschen und seine Auswirkungen auf die Computerschulung. *Öffentliche Bibliotheken, 41(3),* 149-155.

Wenger, E. (1998). *Gemeinschaften der Praxis: Lernen, Bedeutung und Identität.* New York: Cambridge University Press.

Wilson, A. L. (1993). Das Versprechen der situierten Kognition. In S. B. Merriam (Ed.), *An update on adult learning fpp.* 71-79). San Francisco: Jossey-Bass.

Zickuhr, K. & Madden, M. (2012) Older Adults and Internet Use. Pew Research Center. Abrufbar unter: http://www.pewinternet.org/~/media//Files/Reports/2012/PIP Older adults and internet use.pdf

Anhang A

Instrumente

Fragebogen 1: Umfrage zur Technologie vor dem Kurs (für alle Studierenden)
Bitte erzählen Sie uns etwas über sich:
1. Warum haben Sie sich für die Computerkurse angemeldet?

2. Wie würden Sie Ihre Computerkenntnisse einschätzen? (Bitte ankreuzen ^)
Anfänger Fortgeschrittene Experten
3. Wie viel Zeit verbringen Sie pro Woche mit dem Computer (E-Mail, Internet usw.)?
Stunden   Minuten
4. Wofür benutzen Sie den Computer? (Bitte kreuzen Sie ^ alles an, was zutrifft)
Kommunikation   Informationen   Suchen   Einkaufen
      Freizeitaktivitäten
Sonstiges? Bitte erläutern_____
5.   Was erwarten Sie in den acht Wochen der Computerkurse zu lernen?

6. Welche Erwartungen haben Sie an den Ausbilder?

7. In welche Altersgruppe fallen Sie?
55-60   61-65   66-70   71-75   76-80   81-85
8. Sind Sie männlich oder weiblich?
9.   Welches ist Ihr Bildungsniveau? Oberschule Cegep
Universität   Andere

Abschnitt I: Lernen mit Technologie. Bitte geben Sie anhand der vorgegebenen Skala
an, wie oft Sie die folgenden Anwendungen im Rahmen dieses Kurses innerhalb und
außerhalb der Unterrichtszeit genutzt haben.
      A   B   C   D
      Sehr oft oft manchmal nie

Häufigkeit der Nutzung:
10. Wie oft werden Sie während der Unterrichtszeit einen Computer benutzen?
11. Wie oft benutzen Sie einen Computer außerhalb der Unterrichtszeit?

Bitte bewerten Sie Ihr Wissen über diese Anwendungen:
123 4 5
Keine Schwach Durchschnittlich Gut Ausgezeichnet

12. E-Mail
13. Das Internet (z. B. Suchmaschinen wie Google usw.)
14. Skype
15. Twitter
16. Textverarbeitung (z. B. Microsoft Word)

Abschnitt II: Wahrgenommene Effektivität der Computernutzung: Innerhalb und außerhalb des Unterrichts. Bitte bewerten Sie anhand der vorgegebenen Skala, inwieweit Sie den folgenden Aussagen zustimmen oder nicht zustimmen.

A	**B**	**C**	**D**
Stimmt voll und ganz zu	Stimmt nicht zu	Stimmt überhaupt	nicht zu

Die Verwendung eines Computers für diesen Kurs ...

17. Es wird mir helfen, mich aktiver am Lernen zu beteiligen.
18. Das wird es mir leichter machen, den Stoff zu wiederholen, den ich im Unterricht nicht verstanden habe.
19. Wird mir helfen, realistische Lernziele zu setzen.
20. Das wird meine Zuversicht stärken, dass ich den Stoff lernen kann.
21. Wird mein Interesse an der Materie in diesem Kurs steigern.
22. Der Kursinhalt wird für Sie persönlich relevanter.
23. Ich werde meine Interaktionen mit anderen Schülern und/oder dem Ausbilder verstärken.
24. Das wird es mir leichter machen, meine Meinung zu äußern und mich an Diskussionen zu beteiligen.
25. wird mein Vertrauen in meine Computerkenntnisse stärken

Gibt es zusätzliche Kommentare? _____

Vielen Dank, dass Sie sich die Zeit genommen haben, unsere Umfrage auszufüllen!
(Überarbeitet von PedTech - Pedagogy-Technology Survey)

Anhang B

Fragebogen 2: Umfrage zur Technologie nach dem Kurs (nur für den
Klassenzimmerteil)
Bitte geben Sie so viele Informationen wie möglich an.

1. Was hat Sie dazu bewogen, sich für die Computerkurse anzumelden?

Abschnitt I: Kursstruktur

Bitte bewerten Sie anhand der vorgegebenen Skala, inwieweit Sie den folgenden
Aussagen zustimmen oder nicht zustimmen.

A	B	C	D
Stimmt voll und ganz zu	Stimmt nicht zu	Stimmt überhaupt nicht zu	

2. Das Material in den Kursen war sinnvoll und relevant.
3. Der Dozent ging auf die individuellen Unterschiede und Lernmethoden ein.
4. Dieser Kurs bot angemessene Lernherausforderungen.
In den Kursen:
5. Ich hatte das Gefühl, dass ich aktiv an meinem eigenen Lernen beteiligt war.
6. Ich war in der Lage, mir persönliche Lernziele zu setzen.
7. Ich habe Lernstrategien wie z. B. Notizen verwendet, um den Überblick über mein
Lernen zu behalten.
Ziele._____
                    Eventuelle Anmerkungen zum Kurs
Struktur? _____

Abschnitt II: Lernen mit Technologie

Bitte geben Sie anhand der vorgegebenen Skala an, wie oft Sie die folgenden Anwendungen im Rahmen dieses Kurses innerhalb und außerhalb der Unterrichtszeit genutzt haben.

A B C D

Sehr oft oft manchmal nie

Häufigkeit der Nutzung:
8. Wie oft haben Sie Ihren Computer während der Unterrichtszeit benutzt?
9. Wie oft nutzen Sie die folgenden Anwendungen außerhalb des Unterrichts?

A B C D

Sehr oft oft manchmal nie

E-Mail

Das Internet (z. B. Suchmaschinen wie Google usw.)

Skype _____

Twitter

Textverarbeitung (z. B. Word)

Anmerkungen zum Lernen mit technologie?

Abschnitt III: Wahrgenommene Effektivität der Computernutzung: innerhalb und außerhalb des Unterrichts

Bitte bewerten Sie anhand der vorgegebenen Skala, inwieweit Sie den folgenden Aussagen zustimmen oder nicht zustimmen.

A   B   C   D

Stimmt voll und ganz zu Stimmt nicht zu Stimmt überhaupt nicht zu

Die Verwendung eines Computers für diesen Kurs ...

10. Es hat mir geholfen, mich aktiver am Lernen zu beteiligen.

11. Erleichtert mir die Wiederholung von Material, das ich in der Schule nicht verstanden habe.

Klasse. _____

12. Er half mir, realistische Lernziele zu setzen.

13. Ich bin zuversichtlicher geworden, dass ich den Stoff lernen kann.

58

14. Mein Interesse an der Materie in diesem Kurs wurde gesteigert.
15. Der Kursinhalt wurde persönlicher gestaltet.
16. Es entsprach meinen Bedürfnissen und meinem Kenntnisstand.
17. Ich habe meine Interaktionen mit anderen Studenten und/oder dem Ausbilder verbessert.
18. War flexibel genug, um individuelle Unterschiede beim Lernen zu berücksichtigen.
Gibt es Kommentare zur Verwendung des Computers für diesen Cl-Arsch?

Abschnitt IV: Wahrgenommene Effektivität
Bitte bewerten Sie Ihre Kenntnisse über diese Anwendungen nach der Teilnahme an den Kursen:

1	2	3	4	5
Keine	Schwach	Durchschnittlich	Gut	Ausgezeichnet

12. E-Mail
13. Das Internet (z. B. Suchmaschinen wie Google)
14. Skype
15. Twitter
16. Textverarbeitung (z. B. Microsoft Word)

Bitte bewerten Sie anhand der vorgegebenen Skala, inwieweit Sie den folgenden Aussagen zustimmen oder nicht zustimmen.

A	B	C	D
Stimmt voll und ganz zu	Stimmt nicht zu	Stimmt überhaupt nicht zu	

19. Insgesamt waren die Computerkurse gut.
20. Insgesamt war der Ausbilder ein effektiver Lehrer.
21. Insgesamt habe ich in diesen Kursen sehr viel gelernt.
22. Mein Interesse an diesem Themenbereich ist durch die Teilnahme an diesen Kursen gestiegen.

23. Ich würde diese Kurse weiter empfehlen.
Irgendwelche Kommentare zur Effektivität des Kurses oder des Kursleiters?

Abschnitt V: Die Website zum Computerkurs

24. Haben Sie die Website als ergänzende Hilfe genutzt?Ja Nein
25. Wenn ja, fanden Sie die Website hilfreich?Ja Nein
Wenn nein, warum? _____

Zusätzliche Kommentare:
Wenn Sie Fragen, Kommentare oder Vorschläge haben, fügen Sie diese bitte auf dem unten stehenden Blatt hinzu. Wir würden uns freuen, von Ihnen zu hören! Alle Kommentare sind willkommen.

Vielen Dank, dass Sie sich die Zeit genommen haben, unsere Umfrage auszufüllen!
(Überarbeitet von PedTech - Pedagogy-Technology Survey)

Anhang C

<u>**Fragebogen 3: Umfrage zur Technologie nach dem Kurs**</u> (nur für gemischte Kurse)

Abschnitt I: Umfrage zu Blended Learning
Bitte bewerten Sie anhand der vorgegebenen Skala, inwieweit Sie den folgenden Aussagen zustimmen oder nicht zustimmen.

A	B	C	D
Stimmt voll und ganz zu	Stimmt nicht zu	Stimmt überhaupt nicht zu	

1. Insgesamt bin ich mit diesem Kurs zufrieden.
Bitte geben Sie die Gründe für Ihre Zufriedenheit oder Unzufriedenheit an
2. Wenn ich die Möglichkeit hätte, würde ich in Zukunft wieder einen Kurs belegen, der sowohl Online- als auch Präsenzkomponenten hat.

Bitte geben Sie an, warum Sie einen anderen Kurs mit beiden Komponenten belegen oder nicht belegen

3. Die Komponenten des Online- und des Präsenzkurses ergänzten sich gegenseitig.
_____ I

Wenn nicht, warum? _____

Im Vergleich zu anderen Präsenzkursen, die ich belegt habe:

4. Dieser Kurs bot den Vorteil, dass ich nicht so oft zum Zentrum gehen musste.
5. Durch diesen Kurs konnte ich meine wöchentliche Reisezeit und die damit verbundenen Kosten reduzieren.
6. Ich bin in diesem Kurs mehr engagiert
7. Ich werde in diesem Kurs wahrscheinlich Fragen stellen
8. Ich habe das Gefühl, dass die Interaktion mit anderen Studenten in diesem Kurs zugenommen hat
9. Ich fühle mich mit anderen Studenten in diesem Kurs verbunden
10. Ich fühle mich in diesem Kurs isoliert
11. Ich habe das Gefühl, dass meine Interaktion mit dem Dozenten in diesem Kurs zugenommen hat
12. Ich habe Probleme mit der Nutzung der Technologien in diesem Kurs
13. Ich fühle mich in diesem Kurs ängstlicher __
14. Dieser Kurs erforderte mehr Zeit und Mühe_____
Bitte geben Sie zusätzliche Kommentare ab (z. B. Ich fühlte mich in diesem Kurs mehr engagiert/isoliert/ oder ängstlich, weil...)

Bevorzugtes Kursformat (Bitte kreuzen Sie Ihre Antwort an)

15. Wenn derselbe Kurs in unterschiedlichen Formaten angeboten wird, welches Kursformat würden Sie bevorzugen?
    a. Vollständig persönliches Kursformat
    b. Gemischtes Kursformat (Online- und Face-to-Face-Kurs)

c. Vollständiges Online-Kursformat (keine persönliche Unterrichtszeit)

Abschnitt II: Aufbau des Kurses

Bitte bewerten Sie anhand der vorgegebenen Skala, inwieweit Sie den folgenden
Aussagen zustimmen oder nicht zustimmen.

A	B	C	D
Sehr zustimmend	Zustimmend	Ablehnend	Völlig abgeneigt

16. Das Material in den Kursen war sinnvoll und relevant.
17. Der Dozent ging auf die individuellen Unterschiede und Lernmethoden ein.
18. Dieser Kurs bot angemessene Lernherausforderungen.
In den Kursen:
19. Ich hatte das Gefühl, dass ich aktiv an meinem eigenen Lernen beteiligt war.
20. Ich war in der Lage, mir persönliche Lernziele zu setzen.
21. Ich habe Lernstrategien wie z. B. Notizen verwendet, um den Überblick über mein
Lernen zu behalten.
Ziele. _____
                       Eventuelle Anmerkungen zum Kurs
Struktur? _____

Abschnitt III: Lernen mit Technologie

Bitte geben Sie anhand der vorgegebenen Skala an, wie oft Sie die folgenden
Anwendungen im Rahmen dieses Kurses innerhalb und außerhalb der Unterrichtszeit
genutzt haben.

A	B	C	D
Sehr oft	oft	manchmal	nie

Häufigkeit der Nutzung:
22. Wie oft nutzen Sie die folgenden Anwendungen außerhalb des Unterrichts?

A	B	C	D
Sehr oft	oft	manchmal	nie

E-Mail

Das Internet (z. B. Suchmaschinen wie Google usw.)

Skype _____

Twitter

Textverarbeitung (z. B. Word)

Anmerkungen zum Lernen mit technologie?

Abschnitt IV: Wahrgenommene Effektivität

Bitte bewerten Sie Ihre Kenntnisse über diese Anwendungen nach der Teilnahme an den Kursen:

1   2   3   4   5

Keine Schwach Durchschnittlich Gut Ausgezeichnet

12. E-Mail

13. Das Internet (z. B. Suchmaschinen wie Google)

14. Skype

15. Twitter

16. Textverarbeitung (z. B. Microsoft Word)

Bitte bewerten Sie anhand der vorgegebenen Skala, inwieweit Sie den folgenden Aussagen zustimmen oder nicht zustimmen.

A   B   C   D

Stimmt voll und ganz zu Stimmt nicht zu Stimmt überhaupt nicht zu

23. Insgesamt waren die Computerkurse gut. _____

24. Insgesamt war der Ausbilder ein effektiver Lehrer. _____

25. Insgesamt habe ich in den Kursen eine Menge gelernt.

26. Mein Interesse an diesem Themenbereich ist durch die Teilnahme an diesen Kursen gestiegen.

27. Ich würde diese Kurse weiter empfehlen.

Kommentare zur Wirksamkeit des Kurses oder

Ausbilder ? _____

Abschnitt V: Die Website zum Computerkurs

28. Haben Sie die Website als zusätzliches Hilfsmittel genutzt?Ja Nein
29. Wenn ja, fanden Sie die Website hilfreich?Ja Nein
Wenn nein, warum?_____
Zusätzliche Kommentare:
Wenn Sie Fragen, Kommentare oder Vorschläge haben, fügen Sie diese bitte auf dem unten stehenden Blatt hinzu. Wir würden uns freuen, von Ihnen zu hören! Alle Kommentare sind willkommen.

Vielen Dank, dass Sie sich die Zeit genommen haben, unsere Umfrage auszufüllen!
(Überarbeitet aus: PedTech - Pedagogy-Technology Survey, Revised Blended Learning Survey for Students, Owston, R. (2012). S. 30-31)

Anhang D

Blended Learning Umfrage für Studenten

Bitte bewerten Sie anhand der vorgegebenen Skala, inwieweit Sie den folgenden Aussagen zustimmen oder nicht zustimmen.

     A   B   C   D
Stimmt voll und ganz zu Stimmt nicht zu Stimmt überhaupt nicht zu

1. Insgesamt bin ich mit diesem Kurs zufrieden. _____

2. Wenn ich die Möglichkeit hätte, würde ich in Zukunft einen anderen Kurs belegen, der sowohl Online- als auch Face-to-Face-Komponenten.

3. Die Komponenten des Online- und des Präsenzkurses haben sich gegenseitig verstärkt.
____

Im Vergleich zu anderen Präsenzkursen, die ich belegt habe:

4. Dieser Kurs bot den Vorteil, dass man nicht in das Zentrum gehen musste, da oft_____

5. Durch diesen Kurs konnte ich meine wöchentliche Reisezeit und die damit verbundenen Kosten reduzieren.

6. Ich bin in diesem Kurs mehr engagiert

7. Ich werde in diesem Kurs wahrscheinlich Fragen stellen

8. Ich habe das Gefühl, dass die Interaktion mit anderen Studenten in diesem Kurs zugenommen hat

9. Ich fühle mich mit anderen Studenten in diesem Kurs verbunden

10. Ich fühle mich in diesem Kurs isoliert

11. Ich habe das Gefühl, dass meine Interaktion mit dem Dozenten in diesem Kurs zugenommen hat

12. Ich habe Probleme mit der Nutzung der Technologien in diesem Kurs

13. Ich fühle mich in diesem Kurs ängstlicher

14. Dieser Kurs erforderte mehr Zeit und Mühe

Bevorzugtes Kursformat (Bitte kreuzen Sie Ihre Antwort an)

15. Wenn derselbe Kurs in unterschiedlichen Formaten angeboten wird, welches Kursformat würden Sie bevorzugen?

  a. Vollständig persönliches Kursformat
  b. Gemischtes Kursformat (Online- und Face-to-Face-Kurs)
  c. Vollständiges Online-Kursformat (keine persönliche Unterrichtszeit)

Angepasst aus: Owston, R. (2012). Blended Learning Survey for Students, S. 30-31.

Anhang E

<u>Quizfragen</u> (für beide Abschnitte)

Microsoft Word 2007 Kurs Quiz

Q1. Was ist MS Word?
A. Es ist ein Werkzeug zum Tippen
B. Es ist ein Berechnungsinstrument
C. Es ist ein computergestütztes Werkzeug

Q2. Der einfachste Weg, Text in Ihrem Dokument neu anzuordnen, ist?
A. Ausschneiden, Kopieren und Einfügen.
B. Ziehen und Ablegen
C. Tippen und ersetzen

Q3. Welche Schaltfläche wird zum Speichern unseres Dokuments verwendet?
A. Schaltfläche "Home
B. Schaltfläche "Überprüfung
C. Schaltfläche einfügen

Q4. Sie verwenden die Registerkarte Einfügen, um eine Kopf- und eine Fußzeile in ein Dokument einzufügen?
A. Wahr
B. Falsch

Q5. Welche Registerkarte verwenden wir, um die Schriftgröße zu ändern?
A. Registerkarte "Home
B. Registerkarte Format
C. Registerkarte "Überprüfung

Abbildung 7: Bildschirmfotos der Google-Website

Google-Website mit einer Liste aller Computerkurse.

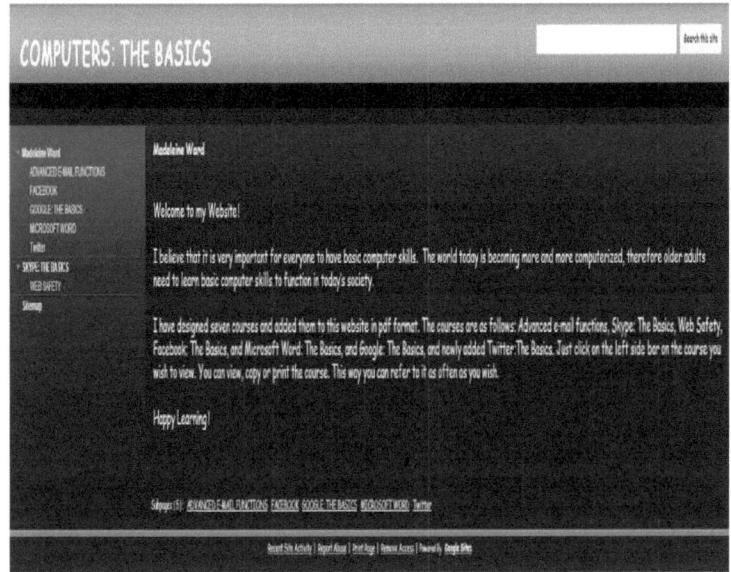

Wenn Sie auf einen Link für den gewünschten Kurs klicken, z. B. Erweiterte E-Mail-Funktionen

Abbildung 8: Auswahl des Kurses "Erweiterte E-Mail-Funktionen

Nach einem Klick auf die PDF-Datei des Kurses erscheinen die Kursfolien. Die Teilnehmer können die Folien ansehen oder ausdrucken.

Abbildung 9: Kursfolien für erweiterte E-Mail-Funktionen

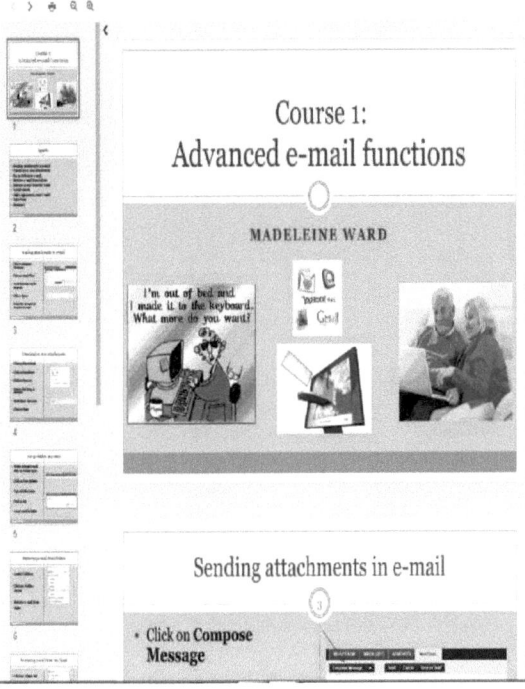

Häufigkeitsdaten für die Wissenserhebung

Course	Question	Blended			Classroom		
		A	B	C	A	B	C
Facebook	1	7*		1	4*		
	2			8*			4*
	3	8*			4*		
	4			8*	3		1*
	5	8*			4*		
Word	1	4*		3	4*		1
	2	6*	1		4*	1	
	3	3*		4	2*		3
	4	5*	2		4*	1	
	5	1*	6		1*	3	1
Web Safety	1			9*			7*
	2	6*	3		6*		1
	3		9*			6	1
	4			9*			7*
	5		9*			7*	
Twitter	1	7*		1	5*		1
	2	1	6*	1	2	4*	
	3	5		3*	5		1*
	4	8*			6*		
	5			8*		1	5*
Skype	1	9*			4*		1
	2		9*			4*	1
	3	8*		1	1*	1	3
	4		9*		3	2*	
	5			9*		4	1*
Google	1	7*		2	7*		
	2	1	8*			7*	
	3	8*		1	7*		
	4		1	8*		1	6*
	5	3*	2	4	3*	1	3
Advanced e-mail	1	8*		1	3*	1	2
	2		9*			6*	
	3	1	1	7*		2	4*
	4		1	8*			6*
	5		1	8*			6*

Hinweis: Die Sternchen kennzeichnen die richtige Antwort auf die Fragen.

Abbildung 10: Survey Monkey Quiz
Bildschirmfoto

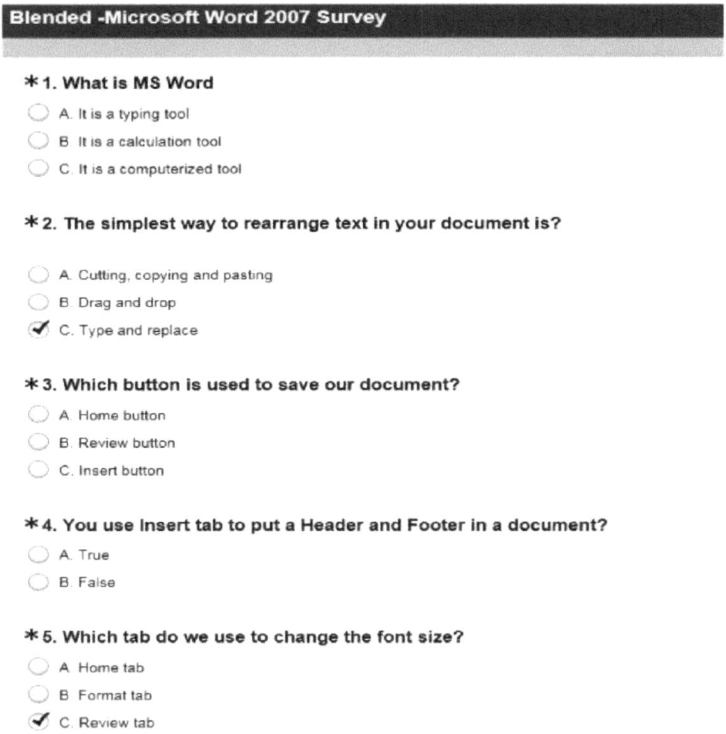

Blended -Microsoft Word 2007 Survey

✱ 1. What is MS Word

○ A. It is a typing tool

○ B. It is a calculation tool

○ C. It is a computerized tool

✱ 2. The simplest way to rearrange text in your document is?

○ A. Cutting, copying and pasting

○ B. Drag and drop

✔ C. Type and replace

✱ 3. Which button is used to save our document?

○ A. Home button

○ B. Review button

○ C. Insert button

✱ 4. You use Insert tab to put a Header and Footer in a document?

○ A. True

○ B. False

✱ 5. Which tab do we use to change the font size?

○ A. Home tab

○ B. Format tab

✔ C. Review tab

**Abbildung 11: Bildschirmfoto der
Lumosity-Website**

HUMAN COGNITION PROJECT   USER STORIES

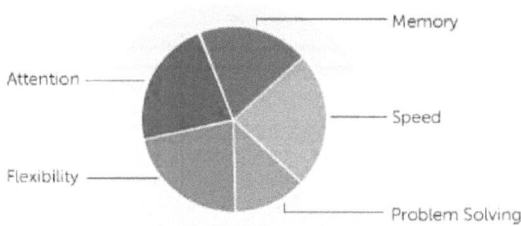

Scientifically designed games

Research shows that your brain creates new neural
circuitry when challenged—our scientists have turned
those challenges into cognitive games that improve
core cognitive functions.

Abbildung 12: Bildschirmfoto der PositScience-Website

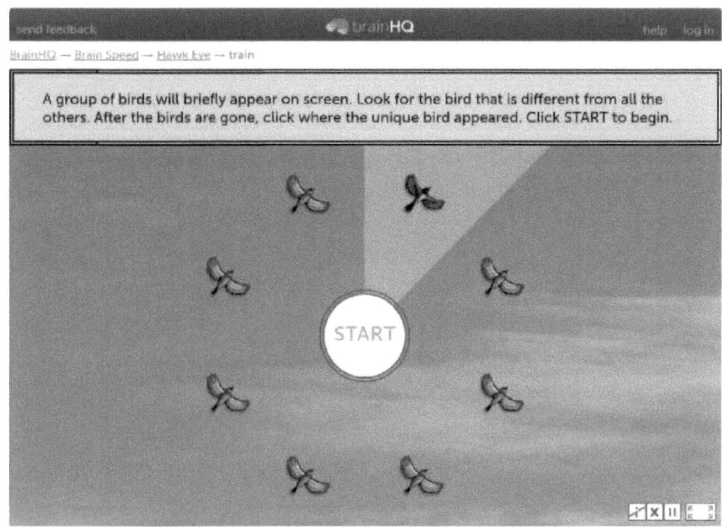

Printed by Books on Demand GmbH, Norderstedt / Germany